Selbstbestimmt entscheiden

Anne Rummer

# Selbstbestimmt entscheiden
Beratung bei Pränataldiagnostik
und Schwangerschaftsabbruch

**Bibliografische Information der Deutschen Nationalbibliothek**
Die Deutsche Nationalbibliothek verzeichnet diese Publikation
in der Deutschen Nationalbibliografie; detaillierte bibliografische
Daten sind im Internet über http://dnb.d-nb.de abrufbar.

ISBN 978-3-631-64258-0 (Print)
E-ISBN 978-3-653-03013-6 (E-Book)
DOI 10.3726/978-3-653-03013-6

© Peter Lang GmbH
Internationaler Verlag der Wissenschaften
Frankfurt am Main 2013
Alle Rechte vorbehalten.
PL Academic Research ist ein Imprint der Peter Lang GmbH.

Peter Lang – Frankfurt am Main · Bern · Bruxelles · New York ·
Oxford · Warszawa · Wien

Das Werk einschließlich aller seiner Teile ist urheberrechtlich
geschützt. Jede Verwertung außerhalb der engen Grenzen des
Urheberrechtsgesetzes ist ohne Zustimmung des Verlages
unzulässig und strafbar. Das gilt insbesondere für
Vervielfältigungen, Übersetzungen, Mikroverfilmungen und die
Einspeicherung und Verarbeitung in elektronischen Systemen.

www.peterlang.de

# Vorwort

Wolfram Henn

Die selbstbestimmte Entscheidung über die Gestaltung des eigenen Lebens gehört zum Kernbestand der individuellen Freiheit in einem modernen Rechtsstaat. Allerdings lehrt die Lebenserfahrung, dass sich der Mensch schon bei Festlegungen in einfachen Lebenskontexten kaum aus einem Geflecht widerstreitender eigener und fremder Wünsche, Normen und Konventionen befreien kann.
Wohl keine Entscheidung ist für eine Frau oder ein Elternpaar so folgenreich und zugleich so herausfordernd für das eigene Wertesystem wie diejenige über die Fortsetzung der Schwangerschaft bei einem vorgeburtlich als krank oder behindert diagnostizierten Kind.
Das Spektrum der möglichen Einstellungen reicht hier vom radikalfeministischen "Mein Bauch gehört mir" bis zur amtskirchlich postulierten Heiligkeit des Embryos.

In Ermangelung eines breiten gesellschaftlichen Konsenses, sicherlich auch aus der Verlegenheit fraktionsübergreifender Uneinigkeit im legislativen Prozess heraus, hat sich der deutsche Gesetzgeber in den vergangenen Jahrzehnten in bemerkenswerter Zurückhaltung gegenüber klaren Vorschriften zu Pränataldiagnostik und Schwangerschaftsabbruch geübt.
Als Folge finden sich werdende Eltern ebenso wie ihre Ärztinnen und Ärzte immer wieder in ethisch höchst problematischen Entscheidungssituationen wieder, für die ihnen das Recht nur unzureichende Hilfen an die Hand gibt. Um so bedeutsamer ist hier die Rolle der sprechenden Medizin, namentlich der genetischen und psychosozialen Beratung.

Anne Rummer, die zur in Deutschland raren Spezies der medizinethisch weitergebildeten Juristinnen zählt, hat sich in diesem Buch der ebenso schwierigen wie wichtigen Aufgabe gestellt, einen auch für Nichtjuristen verständlichen Überblick über die ethischen und rechtlichen Rahmenbedingungen von Beratung bei Pränataldiagnostik und Schwangerschaftsabbruch zu geben. Darüber hinaus zeigt sie kritisch die Defizite in der gegenwärtigen Beratungspraxis auf und gibt hilfreiche Denkanstöße für politisch realisierbare und gesellschaftlich konsensfähige Weiterentwicklungen.

Ich wünsche ihrem Werk weite Verbreitung – nicht nur als Nachschlagewerk zum status quo, sondern fast noch mehr als Vorlage für eine fächerübergreifende Diskussion, die mit den rapiden technologischen Neuerungen wie mit dem gesellschaftlichen Wandel Schritt hält.

Homburg/Saar, im April 2013

Inhaltsverzeichnis

Vorwort ................................................................................... V

1. Einleitung und Problemstellung.......................................... 1

2. Entscheidungen der schwangeren Frau................................ 5
2.1. Inanspruchnahme pränataldiagnostischer Maßnahmen........ 5
2.2. Option Schwangerschaftsabbruch....................................... 10

3. Bessere Entscheidungen durch Beratung............................ 11
3.1. Die Bedeutung der Selbstbestimmung im Arzt-Patient-Verhältnis...... 13
3.2. Selbstbestimmte Entscheidungen durch Beratung............... 15
3.2.1. Erste Bedingung: Die Person handelt absichtsvoll............... 16
3.2.2. Zweite Bedingung: Die Person versteht, was sie tut ........... 17
3.2.3. Dritte Bedingung: Die Person ist frei von kontrollierenden Einflüssen.......................................................................... 19

4. Ärztliche und psychosoziale Beratung................................ 21
4.1. Ärztliche Beratung ............................................................ 23
4.1.1. Beratungsanlass................................................................. 24
4.1.2. Beratungssituation............................................................. 24
4.1.3. Beratungsmethoden............................................................ 27
4.1.4. Beratungsziel und Beratungsinhalte ................................... 29
4.1.5. Beratungskompetenzen ...................................................... 32
4.2. Psychosoziale Beratung ..................................................... 33
4.2.1. Beratungsanlass................................................................. 34
4.2.2. Beratungssituation............................................................. 35
4.2.3. Beratungsmethoden............................................................ 37
4.2.4. Beratungsziel und Beratungsinhalte ................................... 38
4.2.5. Beratungskompetenzen ...................................................... 41

5. Gesetzliche und untergesetzliche Grundlagen.................... 43
5.1. Gesetzliche und untergesetzliche Grundlagen ärztlicher Beratung...... 43
5.1.1. § 218c Nr. 2 StGB - Beratungspflicht bei Schwangerschaftsabbruch.......................................................................... 43
5.1.2. § 2a SchKG - Beratung in besonderen Fällen..................... 44
5.1.3. Mutterschaftsrichtlinien des G-BA ..................................... 47

| | | |
|---|---|---|
| 5.1.4. | Genetische Beratung im Sinne des GenDG | 48 |
| 5.1.4.1. | „Genetische Beratung" gemäß §§ 10, 15 GenDG | 49 |
| 5.1.4.2. | „Fachgebundene genetische Beratung" nach der Richtlinie der Gendiagnostik-Kommission (GEKO) über die Anforderungen an die Qualifikation zur und Inhalte der genetischen Beratung gemäß § 23 Abs. 2 Nr. 2a und § 23 Abs. 2 Nr. 3 GenDG | 52 |
| 5.1.5. | Exkurs: Humangenetische Beratung | 57 |
| 5.1.5.1. | Humangenetische Beratung nach dem Positionspapier der Deutschen Gesellschaft für Humangenetik | 57 |
| 5.1.5.2. | Humangenetische Beratung nach den Leitlinien „Genetische Beratung" der Deutschen Gesellschaft für Humangenetik und des Berufsverbandes Deutscher Humangenetiker | 59 |
| 5.1.6. | Zusammenfassung der gesetzlichen Grundlagen ärztlicher Beratung | 61 |
| 5.2. | Gesetzliche und untergesetzliche Grundlagen psychosozialer Beratung | 62 |
| 5.2.1. | § 2 SchKG - Allgemeine Schwangerenberatung | 62 |
| 5.2.2. | Exkurs: § 219 StGB in Verbindung mit §§ 5 ff. SchKG - Schwangerschaftskonfliktberatung | 63 |
| 5.2.3. | Landesrechtliche Vorgaben für psychosoziale Beratung | 65 |
| 5.2.3.1. | Qualifikationsvorgaben für Beraterinnen an Schwangerschaftskonfliktberatungsstellen gemäß § 8 SchKG | 65 |
| 5.2.3.2. | Qualifikationsvorgaben für Beraterinnen, die allgemeine Beratung gemäß § 2 SchKG anbieten | 66 |
| 5.2.4. | Zusammenfassung gesetzliche Grundlagen psychosozialer Beratung | 67 |
| 6. | Berufsrechtliche und professionelle Grundlagen | 69 |
| 6.1. | Berufsrechtliche Grundlagen ärztlicher Beratung | 69 |
| 6.1.1. | Beratung im Rahmen der ärztlichen Fort- und Weiterbildung gemäß der (Muster-)Weiterbildungsordnung der Bundesärztekammer | 69 |
| 6.1.1.1. | Facharzt für Frauenheilkunde und Geburtshilfe | 69 |
| 6.1.1.2. | Beratung im Rahmen Psychosomatischer Grundversorgung | 70 |
| 6.1.1.3. | „Schwerpunkt Spezielle Geburtshilfe und Perinatalmedizin" | 71 |
| 6.1.1.4. | „Psychotherapie fachgebunden" | 71 |
| 6.1.2. | Fortbildungen im Rahmen der Fortbildungsverpflichtung von Vertragsärzten gemäß § 95 d SGB V | 72 |

| | | |
|---|---|---|
| 6.1.3. | Richtlinien und Erklärung der Bundesärztekammer | 73 |
| 6.1.3.1. | Richtlinien zur pränatalen Diagnostik von Krankheiten und Krankheitsdispositionen | 73 |
| 6.1.3.2. | Erklärung zum Schwangerschaftsabbruch nach Pränataldiagnostik | 76 |
| 6.1.3.3. | Professionelle Grundlagen ärztlicher Beratung | 78 |
| 6.1.3.4. | Zusammenfassung der berufsrechtlichen und professionellen Grundlagen ärztlicher Beratung | 80 |
| 6.2. | Professionelle Grundlagen psychosozialer Beratung | 81 |
| 6.2.1. | Grundwerte, -haltungen und Prinzipien | 82 |
| 6.2.2. | Rahmenbedingungen | 84 |
| 6.2.3. | Qualifikation und fachliche Kompetenz | 85 |
| 6.2.4. | Ziele psychosozialer Beratung | 87 |
| 6.2.5. | Inhalte, Arbeitsformen und Methoden psychosozialer Beratung | 89 |
| 6.2.6. | Zusammenfassung der professionellen Grundlagen psychosozialer Beratung | 92 |
| 7. | Möglichkeiten untergesetzlicher Regelungen | 93 |
| 8. | Zusammenfassung des ärztlichen und psychosozialen Beratungsverständnisses und Fazit | 95 |

Anhang: Landesrechtliche Regelungen zur psychosozialen Beratung ............ 99

Literaturverzeichnis ............................................................................ 109

## Abkürzungsverzeichnis

| | |
|---|---|
| BÄK | Bundesärztekammer |
| BGB | Bürgerliches Gesetzbuch |
| BVNP | Berufsverband niedergelassener Pränatalmediziner e.V. |
| BZgA | Bundeszentrale für gesundheitliche Aufklärung |
| DEGUM | Deutsche Gesellschaft für Ultraschall in der Medizin |
| DGGG | Deutsche Gesellschaft für Gynäkologie und Geburtshilfe |
| EBM | Einheitlicher Bewertungsmaßstab |
| G-BA | Gemeinsamer Bundesausschuss |
| GEKO | Gendiagnostik-Kommission |
| GenDG | Gendiagnostikgesetz |
| IGeL | Individuelle Gesundheitsleistungen |
| KBV | Kassenärztliche Bundesvereinigung |
| Mutterschafts-Richtlinien | Richtlinien des Bundesausschusses der Ärzte und Krankenkassen über die ärztliche Betreuung während der Schwangerschaft und nach der Entbindung |
| NIPD | Testverfahren zur nichtinvasiven pränatalen Diagnostik |
| SchKG | Schwangerschaftskonfliktgesetz |
| SGB V | Sozialgesetzbuch (SGB) Fünftes Buch (V) - Gesetzliche Krankenversicherung |
| SFHÄndG | Schwangeren- und Familienhilfe-Änderungsgesetz |
| StGB | Strafgesetzbuch |
| Ultraschall-Vereinbarung | Vereinbarung von Qualitätssicherungsmaßnahmen nach § 135 Abs. 2 SGB V zur Ultraschalldiagnostik |

## 1. Einleitung und Problemstellung

Seit vielen Jahren wird die Beratungssituation schwangerer Frauen im Zusammenhang mit Pränataldiagnostik und Schwangerschaftsabbruch als unbefriedigend beschrieben. Insbesondere wird bemängelt, dass die Möglichkeit psychosozialer Beratung vielen schwangeren Frauen nicht bekannt sei und nur selten in Anspruch genommen werde. Andererseits ergeben Studien regelmäßig, dass psychosoziale Beratung in diesem Kontext von schwangeren Frauen als Ergänzung zur ärztlichen Beratung als sehr hilfreich erlebt wird.

Die Einführung des § 2a im Schwangerschaftskonfliktgesetz[1] [SchKG] und der Erlass des Gendiagnostikgesetzes[2] [GenDG], beide in Kraft getreten zu Jahresbeginn 2010, sollen die Beratungssituation schwangerer Frauen verbessern. Im Kontext von Pränataldiagnostik und Feststellung der medizinischen Indikation zum Schwangerschaftsabbruch gemäß § 218a Abs. 2 Strafgesetzbuch [StGB] wurde eine ärztliche Beratungspflicht gesetzlich festgeschrieben. Außerdem wurde die Bedeutung psychosozialer Beratung hervorgehoben, indem eine Hinweispflicht und - vor allem - eine Vermittlungspflicht implementiert wurden. Ärzte sind nunmehr also in bestimmten Situationen verpflichtet, schwangere Frauen, auch unter Hinzuziehung von Ärzten anderer Disziplinen, zu beraten, sie auf ihren Rechtsanspruch auf psychosoziale Beratung gemäß § 2 SchKG hinzuweisen und sie darüber hinaus an Psychosoziale Beratungsstellen zu vermitteln. Ziel ist ein niedrigschwelliges multiprofessionelles Beratungsangebot, das möglichst alle schwangeren Frauen erreichen soll, ohne schwangere Frauen selbst einer Pflichtberatung zu unterwerfen.

Allein die Gesetzesänderung des SchKG und die Einführung des GenDG von 2010 werden die Beratungssituation nicht im Sinne des Gesetzgebers ändern können. Nur wenn Ärzte schwangere Frauen zur Wahrnehmung des Angebots psychosozialer Beratung im Kontext von Pränataldiagnostik *motivieren*, werden diese das Angebot auch tatsächlich wahrnehmen. Das allerdings setzt sowohl *Kenntnis* der unterschiedlichen Beratungsansätze voraus als auch *Anerkennung* der jeweiligen Professionalität, mit der Beratung erfolgt.

---

1 Schwangerschaftskonfliktgesetz vom 27. Juli 1992 (BGBl. I S. 1398), zuletzt geändert durch Art. 3 G v. 22.12.2011 (BGBl. I S. 2975).
2 Gendiagnostikgesetz vom 31. Juli 2009 (BGBl. I S. 2529, 3672).

Beratung erfolgt vor dem Hintergrund notwendiger Entscheidungen im Rahmen der Schwangerenvorsorge. Von Bedeutung ist daher, welche Entscheidungen zu treffen sind, bei denen die gesetzlichen Beratungsangebote die schwangere Frau unterstützen sollen. Daneben ist begründungsbedürftig, warum die weitläufig vertretene, aber meistens doch nicht eigens belegte Auffassung zutrifft, dass Beratung dazu beiträgt, schwangeren Frauen im Zusammenhang mit Pränataldiagnostik und Schwangerschaftsabbruch selbstbestimmte Entscheidungen und damit „bessere" Entscheidungen zu ermöglichen. Verschiedene ethische Aspekte sind hier zu berücksichtigen, nämlich, ob es im entscheidungstheoretischen Sinne überhaupt um Entscheidungen geht und wenn ja, inwiefern Beratung hier nutzt und welche Konsequenzen daraus zu ziehen sind.

Die gesetzlichen Vorgaben aus 2010 heben zwei Gruppen von Akteuren hervor, Gynäkologen und Beraterinnen an Psychosozialen Beratungsstellen. Beratungsanlass, -situationen, -methoden, -ziele und -inhalte sowie Beratungskompetenzen dieser beiden Professionen werden beschrieben. Es zeigt sich, dass die unterschiedlichen Sichtweisen der Professionen auf dasselbe Phänomen – die Situation schwangerer Frauen vor, während und nach Pränataldiagnostik – in der Praxis zu unterschiedlichen Beratungen führt.

Die Beobachtungen aus der Praxis lassen sich auf die gesetzlichen und untergesetzlichen Grundlagen der ärztlichen und der psychosozialen Beratung zurückführen. Den Vorgaben des § 2a SchKG und der §§ 10, 15 GenDG nebst Richtlinien der Gendiagnostik-Kommission [GEKO] zur neu eingeführten „fachgebundenen genetischen Beratung" kommt dabei besondere Bedeutung zu. Wichtig ist in diesem Zusammenhang, die gynäkologische von der humangenetischen Beratung klar abzugrenzen. Insgesamt fällt auf, wie sehr die Vorgaben zu Beratung ins Detail gehen - für die ärztliche Beratung gilt das insbesondere auf Bundesebene für die Beratungsanlässe und -inhalte, für die psychosoziale Beratung dagegen auf Landesebene für die Qualifikationsvorgaben.

Doch nicht nur auf gesetzlicher und Verordnungs- Ebene finden sich Regelungen für die ärztliche und psychosoziale Beratung; weitere Vorgaben enthalten berufsrechtliche und professionelle Regelwerke. Für die Ärzteschaft sind neben nur wenigen professionsinternen Vorgaben die – allerdings allgemein gehaltenen – Qualifikationsvorgaben sowie die sehr speziellen, aber im Wesentlichen unverbindlichen Vorgaben der Bundesärztekammer [BÄK] zu nennen. Für die psychosoziale Beratung zeigt sich dagegen, dass auf dieser Ebene der Regelungsschwerpunkt liegt. Hierin spiegelt sich die Struktur der verschiedenen Professionen wider: Während die ärztliche Aus-, Fort- und Weiterbildung einer bundesweit einheitlichen Regelung auf übergeordneter Ebene zugänglich ist, trifft das für die Beratung nicht zu. Hier sind es die Träger Psychosozialer Beratungsstellen, die – zum Teil unter Rückgriff auf Regelungen von für die beratenden Professionen eingerichteten Berufsverbänden – die für ihre Beratungsstellen geltenden Regeln aufstellen. Bei aller Selbständigkeit in der Ausgestaltung der Beratungsleistungen zeigt sich aber dennoch, dass die Träger die wesentlichen Grundlagen der Beratung zu einem großen Teil übereinstimmend ausgestaltet haben.

Aus der Zusammenschau von Beratungspraxis und rechtlichen Vorgaben erschließt sich das jeweilige Beratungsverständnis von Ärzten und psychosozialen Beraterinnen. Gerade in der Unterschiedlichkeit liegen die Chancen multiprofessioneller Beratung, zu deren Realisierung weitere untergesetzliche Regelungen *de lege ferenda* beitragen könnten.

Wenn von „Beraterinnen" und „Ärzten" die Rede ist, so ist dies ganz bewusst und zum Zwecke der Vermeidung der inzwischen gebräuchlichen, der Lesbarkeit aber als abträglich empfundenen Nennung beider Geschlechter geschehen. Der Leser mag das ausgelassene Genus bitte mitlesen.

Dass die schwangere Frau im Fokus steht und ihr Partner als Adressat der Beratungsangebote nur nachrangig genannt wird, ist den Vorgaben des § 2a SchKG und des GenDG geschuldet, die für die Inhaberin eines Anspruch auf Beratung allein auf die schwangere Frau abstellen. Dabei wird nicht verkannt, dass es oft wünschenswert und hilfreich sein kann, wenn Beratungsangebote vom Paar gemeinsam wahrgenommen werden.

## 2. Entscheidungen der schwangeren Frau

Um welche Entscheidungen geht es, wenn von „Selbstbestimmten Entscheidungen bei Pränataldiagnostik und Schwangerschaftsabbruch" die Rede sein soll? Es geht um Entscheidungen der schwangeren Frau, und zwar im Rahmen der Schwangerenversorgung.

Bezeichnete man die Schwangerschaft früher als einen ein Zustand „guter Hoffnung", so ist daraus im Laufe der vergangenen Jahre und Jahrzehnte ein Zustand umfassender medizinischer Betreuung und Überwachung geworden. Dabei geht es längst nicht mehr nur um den gesundheitlichen Zustand der Mutter. Pränatale Diagnostik erlaubt tiefe Einsichten in die Verfasstheit des Fetus, seien sie diagnostischer oder auch statistischer Natur, wie sie im Rahmen pränataler Untersuchungen und Risikoabklärung gewonnen werden. Das medizinisch Mögliche eröffnet dabei eine Fülle von Optionen und verlangt der Frau (und ihrem Partner) eine ebensolche Fülle von Entscheidungen ab. Im Kontext von Pränataldiagnostik können sie im Laufe der Schwangerschaft von zig Entscheidungen über die Wahrnehmung vielfältiger Angebote pränataler Diagnostik bis hin zur Entscheidung über einen Schwangerschaftsabbruch reichen.

### 2.1. Inanspruchnahme pränataldiagnostischer Maßnahmen

Mit der Entscheidung für die Betreuung der Schwangerschaft durch einen Gynäkologen fällt – oftmals unbewusst – die Entscheidung für eine Schwangerenversorgung entsprechend den „Richtlinien des Bundesausschusses der Ärzte und Krankenkassen über die ärztliche Betreuung während der Schwangerschaft und nach der Entbindung" [Mutterschafts-Richtlinien] (G-BA 2013). Die Mutterschafts-Richtlinien sind berufsrechtliche Normen des Gemeinsamen Bundesausschusses [G-BA], die den Arzt in Hinblick auf die medizinische Versorgung von Patientinnen im Rahmen der solidarischen Krankenversicherung binden. Sie dienen „der Sicherung einer nach den Regeln der ärztlichen Kunst und unter Berücksichtigung des allgemein anerkannten Standes der medizinischen Erkenntnisse ausreichenden, zweckmäßigen und wirtschaftlichen ärztlichen Betreuung der Versicherten während der Schwangerschaft und nach der Entbindung" (G-BA 2013 Präambel). Keinesfalls binden sie die schwangere Frau: Die in den Mutterschafts-Richtlinien aufgeführten Untersuchungen sind diejenigen, auf die die Frau einen Anspruch hat, ohne dass sie sie in Anspruch nehmen *muss*. Ein Zwang zur Inanspruchnahme medizinischer Maßnahmen, wozu auch pränataldiagnostische Maßnahmen gehören, besteht nicht[3].

---

3 Missverständlich insofern die Mutterschafts-Richtlinien in der zuletzt geltenden Fassung (G-BA 2012), nach denen das darin vorgesehene Ultraschallscreening „durchgeführt werden

Andererseits besteht die Möglichkeit pränataldiagnostischer Maßnahmen, die nicht von den Mutterschafts-Richtlinien gedeckt sind. Solche Maßnahmen können als individuelle Gesundheitsleistungen [IGeL] auf eigene Kosten hinzugekauft werden.

Die derzeit verfügbaren pränatalen Untersuchungen können in nicht-invasive und invasive Untersuchungen unterschieden werden. Die nicht-invasiven Untersuchungen lassen sich weiter untergliedern in bildgebende Diagnostik (Ultraschall) und andere.

Ultraschalluntersuchungen werden sowohl zur Kontrolle des Schwangerschaftsverlaufs eingesetzt als auch zur Suche nach Fehlbildungen beim Fetus. In den Mutterschafts-Richtlinien des G-BA wird dementsprechend zwischen „Ultraschallscreening" und „gezielter Ausschlussdiagnostik bei erhöhtem Risiko für Fehlbildungen oder Erkrankungen des Fetus" unterschieden (G-BA 2013 lit. A Ziff. 6; s.a. Anlage 1c Ziff. II.2.).

Das Ultraschallscreening dient der Überwachung einer normal verlaufenden Schwangerschaft, insbesondere mit den Zielen der genauen Bestimmung des Gestationsalters, der Kontrolle der somatischen Entwicklung des Fetus und dem frühzeitigen Erkennen von Mehrlingsschwangerschaften.
Darüber hinaus dient der Ultraschall aber auch der Suche nach auffälligen fetalen Merkmalen (G-BA 2013 Abschnitt A Nr. 5). Liegen bestimmte Indikationen vor, folgt diesem Basisultraschall die „gezielte Ausschlussdiagnostik bei erhöhtem Risiko oder Erkrankung des Fetus" gemäß den Mutterschafts-Richtlinien.

> Die am 1. Juli 2013 in Kraft getretene „Strukturelle Anpassung des Ultraschallscreenings in der Schwangerenvorsorge" vom 16. September 2010 (G-BA 2013) beinhaltet eine Differenzierung innerhalb der zweiten Ultraschalluntersuchung in den Schwangerschaftswochen 18+0 bis 21+6. Hintergrund der „Strukturellen Anpassung des Ultraschallscreenings in der Schwangerenvorsorge" ist die durch eine Untersuchung des Instituts für Qualität und Wirtschaftlichkeit im Gesundheitswesen (IQWiG) gewonnene Erkenntnis, dass ein zweistufiges Ultraschallscreeningmodell die Qualität der sonografischen Untersuchungen in der Schwangerschaftsvorsorge verbessern wird (Scheibler et al. 2010): Auf der ersten Stufe, so das Ergebnis der Untersuchung, sollten nie-

---

soll", Abschnitt 1 Nr. 5 Mutterschafts-Richtlinien; ebenso die Leitlinie der Deutschen Gesellschaft für Gynäkologie und Geburtshilfe [DGGG] „Ultraschalldiagnostik im Rahmen der Schwangerenvorsorge", in der von „obligaten sonographischen Untersuchungen" die Rede ist (DGGG 2008, Ziff. 1).

dergelassene Gynäkologen die Basisuntersuchung durchführen, die die Bestimmung des Gestationsalters sowie die Entwicklung von Fetus und Plazenta umfasst. Die zweite Stufe sollte eine weiterführende Diagnostik auf fetale Anomalien sein, die durch speziell ausgebildete Ärzte (KV-Zulassung für Fehlbildungsultraschall) ausgeführt werden sollte (Scheibler et al. 2010). In der vom G-BA beschlossenen „Strukturellen Anpassung des Ultraschallscreenings in der Schwangerenvorsorge" wurde die bisherige Untersuchung im zweiten Trimenon durch zwei unterschiedliche Ultraschalluntersuchungen ersetzt, zwischen denen die schwangere Frau zu wählen hat. Sie kann entweder die „Sonographie mit Biometrie ohne systematische Untersuchung der fetalen Morphologie" (Abschnitt A Ziff. 5 lit. a) Mutterschafts-Richtlinien) oder die „Sonographie mit Biometrie und systematischer Untersuchung der fetalen Morphologie durch einen besonders qualifizierten Untersucher" in Anspruch nehmen (Abschnitt 5 Ziff. 2 lit. b) Mutterschafts-Richtlinien). Bereits vor dem ersten Ultraschallscreening (in den Schwangerschaftswochen 8+0 bis 11+6) ist eine Aufklärung der schwangere Frau über Inhalte und Grenzen sowie mögliche Folgen der Untersuchung vorgesehen, aufgrund derer sie ein Angebot wählen soll (Abschnitt A Ziff. 5 Mutterschafts-Richtlinien), begleitet durch das ihr auszuhändigende Merkblatt „Ich bin schwanger. Warum werden allen schwangeren Frauen drei Basis-Ultraschalluntersuchungen angeboten?", Anlage 5 zu Abschnitt A Nummer 5 der Mutterschafts-Richtlinien (G-BA 2013).

Die „systematische Untersuchung der fetalen Morphologie" gemäß Anlage 1 a Ziff. 2 b) Mutterschafts-Richtlinien (G-BA 2013) beinhaltet die umfassende Beurteilung der fetalen Strukturen[4]. Dieser Ultraschall ist von einem Untersucher vorzunehmen, der gegenüber der kassenärztlichen Vereinigung einen „online-basierten Befähigungsnachweis zur systematischen Untersuchung der fetalen Morphologie im Rahmen der Mutterschafts-Richtlinien" gemäß § 7a in Verbindung mit Anlage VI der Vereinbarung von Qualitätssicherungsmaßnahmen nach § 135 Abs. 2 SGB V zur Ultraschalldiagnostik [Ultraschall-Vereinbarung] erbracht hat[5].

---

4 Die „Sonografie mit Biometrie und systematischer Untersuchung der fetalen Morphologie durch einen besonders qualifizierten Untersucher" gemäß Anlage 1 a Ziff. 2 b Mutterschafts-Richtlinien (G-BA 2013) beinhaltet neben der Beurteilung der Biometrie (Biparietaler Durchmesser, Fronto-okzipitaler Durchmesser, Abdomen/Thorax-quer-Durchmesser und Abdomen/Thorax-a.p.-Durchmesser oder Abdomen-Thorax-Umfang sowie Messung einer Femurlänge) die umfassende Beurteilung der fetalen Strukturen, und zwar Kopf: Ventrikelauffälligkeiten, Auffälligkeiten der Kopfform, Darstellbarkeit des Kleinhirns; Hals und Rücken: Unregelmäßigkeit der dorsalen Hautkontur; Thorax: auffällige Herz/Thorax-Relation (Blickdiagnose), linksseitige Herzposition, persistierende Arrhythmie im Untersuchungszeitraum, Darstellbarkeit des Vier-Kammer-Blicks; Rumpf: Konturunterbrechung an der vorderen Bauchwand, Darstellbarkeit des Magens im linken Oberbauch und Darstellbarkeit der Harnblase.

5 Vereinbarung von Qualitätssicherungsmaßnahmen nach § 135 Abs. 2 SGB V zur Ultraschalldiagnostik [Ultraschall-Vereinbarung] vom 31.8.2008, in der Fassung vom 18.12.2012.

Werden bei einer der Untersuchungen im zweitem Trimenon Auffälligkeiten festgestellt, können weitere Ultraschalluntersuchungen im Rahmen der Schwangerenvorsorge gemäß den Mutterschafts-Richtlinien des G-BA vorgenommen werden; so zum Beispiel die Kontrolle des fetalen Wachstums bei Verdacht auf Entwicklungsstörungen als Bestandteil des Ultraschallscreenings oder aber – außerhalb des Ultraschallscreenings – zur Abklärung und/oder Überwachung eines pathologischen Befundes wie zum Beispiel Kontrolle und gegebenenfalls Verlaufsbeobachtung nach Bestätigung einer bestehenden Anomalie oder Erkrankung des Fetus (Anlage 1c Ziff. I.7. Mutterschafts-Richtlinien (G-BA 2013) oder gezielte Ausschlussdiagnostik bei einem erhöhten Risiko für Fehlbildungen oder Erkrankungen des Fetus, unter anderem aufgrund von ultraschalldiagnostischen Hinweisen (Anlage Ziff. II.2.a) Mutterschafts-Richtlinien (G-BA 2013).

Neben den Ultraschalluntersuchungen gemäß den Mutterschafts-Richtlinien kann die schwangere Frau als IGeL den sogenannten „gezielten Ultraschall" (auch bezeichnet als Fein- oder Organultraschall) in Anspruch nehmen. Dabei handelt es sich um eine Untersuchung, die bei einem definierten Risiko für eine bestimmte Fehlbildung oder Erkrankung nach einer Leitlinie der Deutschen Gesellschaft für Gynäkologie und Geburtshilfe [DGGG] „an die Stelle des Ultraschallscreenings entsprechend der Mutterschafts-Richtlinien des G-BA" tritt (DGGG 2008, S. 4) und die (auch) zur Feststellung von Chromosomenanomalien eingesetzt wird. Nach der Leitlinie der DGGG sollte die Untersuchung in der Praxis nicht (wie bei der „Ausschluss-Diagnostik" nach den Mutterschafts-Richtlinien) auf den Überweisungsauftrag zur gezielten Diagnostik nur einer bestimmten Körperregion beschränkt, sondern „der Fet dennoch zum Ausschluss weiterer augenfälliger Fehlbildungen in seiner Gesamtheit sonographisch untersucht und beurteilt werden" (DGGG 2008, S. 4) – womit der „gezielte Ultraschall" ebenfalls zum Screening wird.

Inhalt eines gezielten Ultraschalls ist häufig die Messung der fetalen Nackentransparenz. Das Ergebnis gibt Aufschluss über das statistische Risiko über das Vorliegen des Down-Syndroms (Trisomie 21), anderer Chromosomenabweichungen oder einen Herzfehler.

Beim Ersttrimester-Test werden neben der Messung der Nackentransparenz das Alter der schwangeren Frau sowie ihre Hormon- und Eiweißwerte berücksichtigt. Anhand dieser Werte wird ebenfalls eine Berechnung vor allem des Risikos für das Vorliegen des Down-Syndroms vorgenommen.

Für die pränatale Diagnose des Down-Syndroms steht ein weiteres nichtinvasives Verfahren zur Verfügung. Es handelt sich um einen Bluttest, der bei Frauen in der zehnten Schwangerschaftswoche eingesetzt werden kann (Chiu 2011). In einer deutschen Studie wurde von einer Sensitivität und Spezifität von 100% berichtet (Stumm et al. 2011). Angesichts dieses Erfolges regte die Forschergruppe an, weitere Studien durchzuführen, um dieses Verfahren auf alle fetale Aneuploide auszuweiten (Stumm et al. 2011).

> Das Projekt der Firma LifeCodexx, das dieses Verfahren entwickelt hat, wurde vom Bundesministerium für Bildung und Forschung unter dem Programm „Kleine und mittlere Unternehmen – innovativ" und vom Bundesministerium für Wirtschaft und Technologie unter dem Dach „Zentrales Innovationsprogramm Mittelstand" gefördert (LifeCodexx 2011). Die ethischen Implikationen des Tests auf Trisomie 21 liegen auf der Hand – nicht zuletzt durch den möglichen frühen Untersuchungszeitpunkt, der noch innerhalb des zeitlichen Rahmens des § 218a Abs. 1 StGB liegt und somit bei Nachweis von Trisomie 21 einen Schwangerschaftsabbruch nach Beratungsregelung ermöglicht (Rummer 2012). Offenbar angesichts dieser Problematik weist der Hersteller dieses Tests auf seiner Homepage darauf hin, dass dieser erst ab der 12. Schwangerschaftswoche angewendet werden soll. Aufgrund weiterer neu entwickelter Tests wie der sogenannte „Panoramtest (Trisomien 21, 18 und 13, Monosomie x, anzuwenden ab der 9. Woche, Amedes 2013) scheint dieser „Praenatest" allerdings bereits überholt und weitere, noch umfangreichere Test sind zu erwarten.

Zur weiteren Abklärung nicht-invasiver Untersuchungsergebnisse stehen invasive Untersuchungsmethoden zur Verfügung. Bei der Chorionzottenbiopsie wird Chorionzottengewebe entnommen und auf Chromosomenanomalien beim Fetus untersucht. Eine gezielte DNA-Analyse gibt Aufschluss über das Vorliegen vererbbarer Krankheiten und Behinderungen, Muskel- und Stoffwechselkrankheiten.

Als weiteres invasives Verfahren steht die Fruchtwasseruntersuchung zur Verfügung, bei der der Fruchtblase Fruchtwasser entnommen wird. Die darin enthaltenen abgelösten Zellen des Fetus werden auf Chromosomenabweichungen untersucht. Die Fruchtwasseruntersuchung kann Aufschluss über das Vorliegen eines Neuralrohrdefektes geben, und auch bei dieser Untersuchung können Aussagen über das Vorliegen vererbbarer Krankheiten und Behinderungen, Muskel- und Stoffwechselkrankheiten getroffen werden.

Schließlich kann mittels Nabelschnurpunktion kindliches Blut entnommen und untersucht werden. Ziel auch dieser Untersuchung ist es herauszufinden, ob ein

Neuralrohrdefekt, Chromosomenabweichungen oder vererbbare Krankheiten und Behinderungen, Muskel- und Stoffwechselerkrankungen vorliegen. Sie schließt sich als Folgediagnostik zur Abklärung einer Fruchtwasseruntersuchung mit auffälligem Befund an. Außerdem wird diese Untersuchung bei Verdacht auf eine Infektion des Fetus zum Beispiel mit Röteln oder bei Rhesusunverträglichkeit vorgenommen.

Invasive Pränataldiagnostik an sich birgt – anders als nicht-invasive Untersuchungen – ein Fehlgeburtsrisiko. Bei der Chorionzottenbiopsie liegt dies bei 0,9 bis 1,93%, bei der Fruchtwasseruntersuchung bei 0,6 bis 2,1% (Krapp, Kreiselmaier, Ludwig 2011, S. 666) und bei der Nabelschnurpunktion nach Angaben der Bundeszentrale für gesundheitliche Aufklärung [BZgA] bei 0,5 bis 2,5% (BZgA 2010, S. 42).

Ergibt eine pränatale Untersuchung einen auffälligen Befund, stellt sich regelmäßig die Frage nach Folgediagnostik. Auf nicht-invasive folgen oftmals invasive Untersuchungen (mit den damit verbundenen Risiken einer Fehlgeburt), beispielsweise eine Fruchtwasserpunktion oder Chorionzottenbiopsie nach Messung der Nackentransparenz oder dem Ersttrimester-Test. Die Ergebnisse der invasiven Fruchtwasseruntersuchung wiederum können mittels Nabelschnurpunktion weiter überprüft werden.

### 2.2. Option Schwangerschaftsabbruch

Nicht in allen Fällen gibt es eine Therapiemöglichkeit, wenn bei einer pränatalen Untersuchung eine Auffälligkeit entdeckt wurde. Folge eines solchen Befundes kann daher sein, dass die schwangere Frau über einen Schwangerschaftsabbruch nachdenkt.

Bis zur zwölften Schwangerschaftswoche ist ein Schwangerschaftsabbruch nach einer Schwangerschaftskonfliktberatung gemäß § 219 StGB, §§ 5 ff. SchKG an einer anerkannten Psychosozialen Beratungsstelle (§ 3 SchKG) straffrei möglich. Danach kommt gegebenenfalls ein Schwangerschaftsabbruch aufgrund medizinischer Indikation im Sinne des § 218a Abs. 2 StGB in Betracht. Hiernach ist ein rechtmäßiger Schwangerschaftsabbruch möglich, wenn er „unter Berücksichtigung der gegenwärtigen und zukünftigen Lebensverhältnisse der Schwangeren nach ärztlicher Erkenntnis angezeigt ist, um eine Gefahr für das Leben oder die Gefahr einer schwerwiegenden Beeinträchtigung des körperlichen oder seelischen Gesundheitszustandes der Schwangeren abzuwenden, und die Gefahr nicht auf eine andere für sie zumutbare Weise abgewendet werden kann."

## 3. Bessere Entscheidungen durch Beratung

Beratung ermöglicht „bessere" Entscheidungen – so die dominierende Meinung: Im Zusammenhang mit genetischen Untersuchungen – auch vorgeburtlichen – wird von einem „offensichtlich bestehenden breiten gesellschaftlichen Konsens über die ethische Verpflichtung berichtet, Methoden der genetischen Diagnostik nur in einem Beratungsrahmen einzusetzen", denn eine nach Beratung gefällte Entscheidung werde als „insgesamt ‚besser' angesehen als eine Entscheidung ohne Beratung" (Wolff 2001, S. 101).

Voraussetzung für eine solche Diskussion der „Güte" von Entscheidungen ist, dass schwangere Frauen im Zusammenhang mit Pränataldiagnostik und Schwangerschaftsabbruch überhaupt Entscheidungen treffen können. Bedingung ist also das Vorliegen einer Entscheidungssituation. Hierzu gehört, dass die schwangere Frau erkennt, dass es etwas zu entscheiden gibt. Außerdem muss sie sich bewusst sein, dass sie diejenige ist, die eine Entscheidung zu treffen hat. Dass beides keineswegs selbstverständlich ist, zeigt ein Blick in die bisherige Praxis der Ultraschalluntersuchungen im Rahmen der Mutterschafts-Richtlinien. Die Mutterschafts-Richtlinien sehen drei Ultraschall-Screenings vor, in jedem Trimenon eines. Der bisherige Wortlaut, nach dem diese Untersuchungen „durchgeführt werden sollen" (G-BA 2012, Lit. A Ziff. 5), wurde durch die „Strukturelle Anpassung des Ultraschallscreenings in der Schwangerenvorsorge" (G-BA 2013) ersetzt. Laut Begründung des G-BA soll mit dieser Ersetzung dem „Prinzip der informierten Entscheidung der Betroffenen" und dem „Recht auf Nichtwissen" Rechnung getragen werden (G-BA 2010, S. 4). Die Mutterschafts-Richtlinien noch in der vorangegangenen Fassung (G-BA 2012) erweckten dagegen den Eindruck, dass sich die schwangere Frau diesen drei Ultraschalluntersuchungen pflichtmäßig zu unterziehen habe. Selbstredend ist das nicht der Fall: Auch für diese Untersuchungen gilt der allgemeine Grundsatz, dass sie durchgeführt werden dürfen, wenn die schwangere Frau über die Untersuchungen aufgeklärt wurde und sie in ihre Durchführung eingewilligt hat. In der Praxis allerdings wird es nach Angaben der Kassenärztlichen Bundesvereinigung [KBV] so gehandhabt, dass „[e]ine Aufklärung und Einwilligung vor den drei Ultraschall-Screening-Untersuchungen der Mutterschafts-Richtlinien […] in der Regel nicht [erfolgt]." Der Grund dafür ist abrechnungstechnischer Art: „Eine Ablehnung der Untersuchungen durch die Schwangere würde nach derzeit bestehender Regelung dazu führen, dass die Vorsorgeuntersuchung nicht abgerechnet werden kann, da die Sonographie obligater Bestandteil der Untersuchungen ist" (KBV 2003). Diese abrechnungstechnische Problematik bleibt bestehen, ungeachtet der „Strukturellen Anpassung des Ultraschallscreenings in der Schwangerenvorsorge".

Werden Untersuchungen vom Arzt unter Verzicht auf Aufklärung der schwangeren Frau und Einholung ihrer Einwilligung in die Untersuchung schlicht durchgeführt, dürfte es regelmäßig an der für eine Entscheidungssituation erforderlichen Erkenntnis der schwangeren Frau fehlen, dass sie etwas zu entscheiden hat – nämlich über die Vornahme oder Nichtvornahme der Untersuchung.

Sofern der schwangeren Frau bewusst ist, dass eine Entscheidung bevorsteht und sie diejenige ist, die sie zu treffen hat, ist ferner erforderlich, dass unterschiedliche Handlungsoptionen zur Verfügung stehen, zwischen denen die schwangere Frau wählen kann. Mehrere Handlungsoptionen bestehen etwa dann, wenn verschiedene Untersuchungen zur Wahl stehen, die sich zum Beispiel hinsichtlich ihrer Eingriffsintensität unterscheiden können (invasive oder nicht-invasive Diagnostik). Zumindest bestehen Handlungsoptionen in diesem Beispiel aber in der Vornahme oder Nichtvornahme pränataler Untersuchungen. Allerdings kann es sein, dass die schwangere Frau in dieser Situation einen solchen Druck zur Vornahme oder Nichtvornahme pränataler Untersuchungen verspürt, dass sie das Vorliegen nur einer einzigen Handlungsoption wahrnimmt, womit es aus ihrer subjektiven Sicht – auf die es ankommt – nur eine Option gibt (vgl. Schick 1997, S. 8 f.).

Zum Druck zur Vornahme (nicht nur) von „Routineuntersuchungen" in der Schwangerschaft kann das Verständnis von Pränataldiagnostik zur „Sicherung gesunden Nachwuchses" führen. Dazu trägt es bei, wenn der schwangeren Frau suggeriert wird, mit dem Ausschöpfen pränataler Untersuchungsmöglichkeiten das „Bestmögliche" für ihr Kind zu tun.
Ohne Frage trägt Pränataldiagnostik dazu bei, Krankheiten frühzeitig entdecken und therapieren zu können – schon intrauterin oder auch postnatal. Auch für die perinatale Versorgung kann die frühzeitige Kenntnis bestimmter Krankheiten von Bedeutung sein und die Geburt entsprechend geplant werden, wenn bekannt ist, dass mit bestimmten Komplikationen zu rechnen ist. Darüber hinaus aber scheinen Schwangerschaft und Geburt nicht zuletzt wegen der medizintechnischen Möglichkeiten der Pränataldiagnostik als technisch beherrschbare Prozesse, an deren Ende „das gesunde Kind als ein technisch vorhersehbares Produkt" steht: „Soziale Werthaltungen [brechen] mit erheblichem Druck in den medizi-

nischen Handlungsraum ein. Frauen wird von Medizin und Gesellschaft vermittelt, dass die Geburt eines gesundheitlich beeinträchtigten Kindes verhinderbar, wenn nicht gar inakzeptabel ist" (Paul, Middel, Labisch 2003, S. 451). Vor diesem Hintergrund kann sich ein solcher Druck zur Vornahme insbesondere von „Routineuntersuchungen" aufbauen, der es der schwangeren Frau verwehrt, sich *gegen* die Vornahme dieser Untersuchungen zu entscheiden – die Entscheidung gegen Routineuntersuchungen wird rechtfertigungsbedürftig - und somit dazu führen, dass es für sie nur eine einzige Handlungsoption gibt.

Eine Entscheidungssituation vorausgesetzt, lautete die Maßgabe, dass beratene Entscheidungen „besser" seien als nicht-beratene. Grund hierfür ist die Vermutung, dass Beratung *selbstbestimmte* Entscheidungen ermöglicht. Im Arzt-Patient-Verhältnis spielt die selbstbestimmte Entscheidung eine besondere Rolle.

### 3.1. Die Bedeutung der Selbstbestimmung im Arzt-Patient-Verhältnis

Im Arzt-Patient-Verhältnis ist die Autonomie des Patienten ein moralisch schützenswertes Gut. Spätestens seit Beauchamp und Childress' *Principles of Biomedical Ethics* von 1977 ist das Prinzip der Patientenautonomie weltweit bekannt (Beauchamp, Childress 2012 - inzwischen in der siebten Auflage). Das Autonomieprinzip stützt sich auf die Fähigkeit des Menschen zur Selbstbestimmung und besagt, dass die Autonomie des Menschen zu respektieren sei (Miller 1995, S. 246). Weil die Autonomie ein moralisch schützenswertes Gut ist, sollte es das Ziel medizinischen Handels sein, autonome - hier verstanden als selbstbestimmte - Entscheidungen zu fördern.

Dass mit dem Autonomieprinzip ein für die ärztliche Praxis höchst relevantes Prinzip beschrieben wird, zeigt ein Blick in das Recht, das die Wahrung dieses Prinzips insbesondere über Aufklärung und Beratung sicherstellen soll (Damm 2006, S. 2). Als normatives Basistheorem gilt, dass ein medizinischer Eingriff ohne Einwilligung des Patienten nach vorheriger Aufklärung über den Heileingriff als eine Verletzung des Rechts auf Selbstbestimmung zu werten ist. Das Selbstbestimmungsrecht ist Ausfluss des Rechts auf Achtung der Menschenwürde und des Rechts auf körperliche Unversehrtheit des Menschen, Artikel 1 Abs. 1 und Artikel 2 Abs. 2 S. 1 GG (Laufs, Katzenmeier, Lipp 2009, S. 102). „Geschützt wird damit die Entscheidungsfreiheit des Patienten über seine körperliche Integrität, über die sich der Arzt nicht selbstherrlich hinwegsetzen darf" (BGH NJW 1989, S. 1535).

Grundlegend für diese Wertung ist das Urteil des Reichsgerichts in Strafsachen von 1894. Bis dahin herrschte unter Ärzten wie auch unter Juristen die Auffassung, dass sich die Rechtmäßigkeit eines medizinischen Eingriffs bereits aus seiner Indiziertheit ergebe (Laufs, Katzenmeier, Lipp 2009, S. 102), sofern der Patient nicht ausdrücklich widersprach (Noack, Fangerau 2006, S. 83). Das galt unabhängig von einer Einwilligung des Patienten in den Eingriff. In dem Urteil von 1894 wurde diese Auffassung mit deutlichen Worten zurückgewiesen:

> „Dass jemand nach eigener Überzeugung oder dem Urteile seiner Berufsgenossen die Fähigkeit besitzt, das wahre Interesse seines Nächsten besser zu verstehen als dieser selbst, dessen körperliches oder geistiges Wohl durch geschickt und intelligent angewendete Mittel vernünftiger fördern zu können, als dieser es vermag, gewährt jenem entfernt nicht irgend eine rechtliche Befugnis, nunmehr nach eigenem Ermessen in die Rechtssphäre des Anderen einzugreifen, diesem Gewalt anzuthun und dessen Körper willkürlich zum Gegenstande gutgemeinter Heilversuche zu benutzen" (RGSt 25, S. 375).

Fehlt es an der Einwilligung eines Patienten in einen medizinischen Eingriff in seine körperliche Integrität, ist der Tatbestand der Körperverletzung (§ 223 StGB) erfüllt. Das gilt nicht nur für die fehlerhafte, sondern auch für die medizinisch gebotene und lege artis durchgeführte Heilbehandlung. Darunter fällt auch die medizinische Diagnostik (Laufs/Katzenmeier/Lipp 2009, S. 103).

Für das Selbstbestimmungsrecht hat die dem medizinischen Heileingriff vorausgehende Aufklärung des Patienten wesentliche Bedeutung. Die Aufklärung soll dem Patienten eine „sinnvolle Wahrnehmung des Rechts auf Selbstbestimmung" ermöglichen (BVerfG NJW 1979, S. 1930 f.). Daher wird die Aufklärung auch „Selbstbestimmungsaufklärung" genannt. Mit dieser Bezeichnung wird deutlich, warum auch bei nicht-invasiver medizinischer Diagnostik eine Einwilligung des Patienten erforderlich ist. Schutzgut ist hier weniger die körperliche Integrität im Sinne des § 223 StGB als vielmehr das informationelle Selbstbestimmungsrecht, so wie es zum Beispiel ausdrücklich in § 1 GenDG benannt wird (s.a. die Begründung zum Entwurf des GenDG, BT Drs. 16/3233, S. 31).
Gewährleistungsinhalt des informationellen Selbstbestimmungsrechtes ist das Recht, grundsätzlich über Preisgabe und Verwendung der eigenen persönlichen Daten zu bestimmen. Hierunter fällt auch die Weitergabe von Befunden über den Gesundheitszustand, und zwar umso intensiver, je näher die Daten der Intimsphäre des Betroffenen stehen (Hofmann 2004, Rz. 28). Insbesondere mit Rücksicht auf das „Recht auf Nichtwissen" werden vor allem prädiktiven gene-

tischen Tests zur Erforschung individueller Prädispositionen „durchweg Würdeimplikationen" zugeschrieben (Herdegen 2009, Rz. 94). Auch wenn es bei pränatalen Untersuchungen um Daten des Fetus und nicht der schwangeren Frau geht (ausgenommen der Möglichkeit, Rückschlüsse auf die genetische Verfasstheit der Mutter, aber auch des Vaters zu ziehen), trifft das doch in besonderer Schärfe für die pränatale Diagnostik zu: Schließlich kann die Kenntnis schon über Risiken zur Anlageträgerschaft für bestimmte Krankheiten erheblichen Einfluss auf die weitere Schwangerschaft haben.

Fehlt es an der Einwilligung eines Patienten in eine medizinische Maßnahme, kann das strafrechtliche Folgen nach sich ziehen, aber auch zivilrechtliche Haftung für Schadensersatzansprüche und Schmerzensgeld auslösen.

Abgesehen von seiner parktisch-rechtlichen Relevanz wirkt sich die Achtung der Selbstbestimmung des Patienten unmittelbar im Arzt-Patient-Verhältnis aus. Der Einfluss einer autonomiefördernden Gesprächsführung wurde in verschiedenen Studien einer paternalistischen Haltung von Ärzten gegenübergestellt, bei der der Selbstbestimmung des Patienten weit weniger Relevanz beigemessen wird. Dabei haben sich sowohl subjektive als auch klinisch relevante Effekte auf die Patientengesundheit und -zufriedenheit gezeigt: Patienten, deren Autonomie von Ärzten mehr geachtet wurde, waren insgesamt zufriedener (Krones, Richter 2006, S. 113).

Weil die Selbstbestimmung erstens ein moralisch schützenswertes Gut ist, das zweitens unter rechtlichem Schutz steht und deren Beachtung drittens das Outcome im Arzt-Patienten-Verhältnis positiv beeinflusst, sind selbstbestimmte Entscheidungen „besser" als nicht selbstbestimmte und daher sollte Ziel auch im speziellen Kontext der Schwangerenversorgung sein, selbstbestimmte Entscheidungen der schwangeren Frau zu fördern.

### 3.2. Selbstbestimmte Entscheidungen durch Beratung
Wie kann nun Beratung im Kontext von Pränataldiagnostik und Schwangerschaftsabbruch zu selbstbestimmten Entscheidungen beitragen? Sie kann es zum Beispiel dadurch, indem sie dazu beiträgt, dass die Bedingungen selbstbestimmten Entscheidens geschaffen werden, also dass (erstens) die Person absichtsvoll (in Abgrenzung zu reflexhaft) handelt, dass sie (zweitens) versteht, was sie tut (etwa aufgrund einer ausreichenden Informationsgrundlage) und dass sie (drit-

tens) frei ist von kontrollierenden Einflüssen (vgl. Beauchamp, Childress 2009, S. 101). Hierzu einige exemplarische Beispiele aus der Praxis.

### 3.2.1. Erste Bedingung: Die Person handelt absichtsvoll

Erste Bedingung für selbstbestimmtes Handeln ist, dass die entscheidende Person absichtsvoll handelt.

Erstes Beispiel: Herstellung von Entscheidungsfähigkeit durch Beratung.
Werden schwangere Frauen erstmals mit einem auffälligen Befund nach pränataler Diagnostik konfrontiert, führt das in vielen Fällen zu einer erheblichen psychischen Belastung. In einer Studie aus dem Jahr 2007 wurde bei 93,5% von 512 betroffenen Frauen nach Mitteilung eines auffälligen pränatalen Befundes im Rahmen eines ersten psychosozialen Beratungsgesprächs eine starke bis sehr starke psychische Belastung nachgewiesen (Rohde, Woopen 2007, S. 30). Diese akute Belastungsreaktion wird auch als Schockreaktion bezeichnet. Die Betroffenen zeigen das Symptom der Derealisation, das heißt, sie nehmen ihre Umgebung als unwirklich wahr und „stehen neben sich". Verschiedenste Emotionen können zum Ausdruck kommen und schnell wechseln; Wut und Ärger, sozialer Rückzug und auch „innere Lähmung" gelten als weitere typische Symptome (Wassermann, Rohde 2009, S. 190 f.). In dieser Situation ist es fraglich, ob die schwangere Frau überhaupt entscheidungsfähig ist, ob sie also zu absichtsvollem Handeln in der Lage ist und ihr angetragene weitere Handlungs- und Entscheidungsoptionen aufnehmen und verstehen kann oder aber ob sie auf Grund dieser psychischen Ausnahmesituation eher zu reflexhaften denn zu absichtsvollen Handlungen neigt. In einem solchen Zustand kann vor allem die (in erster Linie im Rahmen psychosozialer Beratung angebotene) Krisenintervention dazu beitragen, die Entscheidungsfähigkeit der schwangeren Frau wieder herzustellen (Wassermann, Rohde 2009, S. 190 f.) und damit absichtsvolles Handeln ermöglichen.

Zweites Beispiel: Vergegenwärtigung einer Entscheidungssituation.
Bereits zu den Voraussetzungen für das Vorliegen einer Entscheidungssituation gehört, dass die schwangere Frau erkennt, dass es etwas zu entscheiden gibt und dass sie sich dessen bewusst ist, dass sie diejenige ist, die eine Entscheidung zu treffen hat. Dass beides in der Praxis der medizinischen Schwangerenvorsorge nicht immer selbstverständlich ist, wurde bereits dargelegt[6]. Im Zusammenhang mit dem Ultraschallscreening gemäß den Mutterschafts-Richtlinien wurden ab-

---

[6] S.o. unter Ziff. 3. Voraussetzungen für eine Entscheidungssituation.

rechnungstechnische Gründe dafür angeführt, dass diese Untersuchungen regelmäßig durchgeführt werden, ohne dass die schwangere Frau hierüber zuvor aufgeklärt und ohne dass ihre Einwilligung in die Untersuchungen eingeholt wurde (KBV 2003). Ob die in die Mutterschafs-Richtlinien in der Fassung der „Strukturellen Anpassung des Ultraschallscreenings in der Schwangerenvorsorge" (G-BA 2013) neue Formulierung „[v]or Durchführung des 1. Ultraschallscreening ist die Schwangere über Ziele, Inhalte und Grenzen sowie mögliche Folgen der Untersuchung aufzuklären" zu einer Änderung der bisherigen Praxis führt, bleibt abzuwarten.

Weiß die schwangere Frau nicht, dass eine Entscheidungssituation vorliegt geschweige denn dass sie diejenige ist, die eine Entscheidung zu treffen hat, wird sie nicht absichtsvoll handeln, sondern die Untersuchung „geschehen lassen". Beratung kann dazu beitragen, dass sich die schwangere Frau das Vorliegen einer Beratungssituation und ihre Rolle als Akteurin, die die Entscheidung zu treffen hat, vergegenwärtigt und damit ein absichtsvolles Handeln in Hinblick auf die Entscheidung über Vornahme oder Nichtvornahme einer anstehenden Untersuchung ermöglichen.

### 3.2.2. Zweite Bedingung: Die Person versteht, was sie tut

Zweite Bedingung für selbstbestimmtes Entscheiden ist, dass die Person versteht, was sie tut. Dazu ist es notwendig, dass Informationen darüber vorhanden sind, worüber entschieden wird und welche Konsequenzen an die Entscheidung gebunden sind.

Drittes Beispiel: Schaffen einer Informationsgrundlage.
Sowohl medizinische als auch psychosoziale Beratung bezweckt (unter anderem), die schwangere Frau zu informieren - das ist schon gesetzlich vorgegeben (§ 2a SchKG, §§ 10, 15 GenDG für die ärztliche und § 2 SchKG für die psychosoziale Beratung). So kann in der Beratung im Kontext von Pränataldiagnostik und Schwangerschaftsabbruch über medizinische Sachverhalte informiert werden, insbesondere über Untersuchungsoptionen und ihre möglichen Resultate. Das umfasst unter anderem Informationen darüber, ob die Untersuchung Erkenntnissen über mütterliche Faktoren (zum Beispiel Sitz der Plazenta) oder kindliche Faktoren dient. Bei letzteren kann es darum gehen, das fetale Wachstum zu überwachen oder möglicherweise therapierbare Erkrankungen zu entdecken. Zu informieren wäre ferner darüber, ob die Untersuchung geeignet ist, Hinweiszeichen für chromosomale Auffälligkeiten wie zum Beispiel für das Down-Syndrom zu entdecken. Ebenfalls kann darüber informiert werden, ob bei

Verzicht auf eine bestimmte Untersuchungsmethode gegebenenfalls Alternativen zur Verfügung stehen, etwa bei einem Verzicht auf invasive Untersuchungen der Verweis auf eine nicht-invasive Alternative. In der Beratung kann über mögliche Risiken von Untersuchungen wie etwa die Abortgefahr bei invasiven Untersuchungsmethoden ebenso wie über mögliche Risiken bei einem Verzicht auf Untersuchungen informiert werden. Auch über Konsequenzen der Untersuchung kann in der Beratung informiert werden, sei es über die Art des zu erzielenden Untersuchungsergebnisses (Diagnose oder Berechnung eines Risikos), über mögliche Auswirkungen auf das perinatale Management, sei es über weitere Untersuchungen zur Abklärung eines auffälligen Untersuchungsergebnisses oder sei es, dass bei Vorliegen eines pathologischen fetalen Befundes über Fortsetzung oder Abbruch der Schwangerschaft zu entscheiden sein könnte. Hinzu kommen Informationen abseits medizinischer Umstände, wie etwa über weitere Beratungsmöglichkeiten oder Hilfsangebote.

Je besser die schwangere Frau bei einer bevorstehenden Entscheidung informiert ist, umso besser wird sie verstehen, welche Bedeutung und welche Konsequenzen eine Entscheidung haben wird - umso besser also wird sie verstehen, was sie tut. Dazu trägt Beratung bei.

Viertes Beispiel: Einordnung der Informationen
Nicht immer ist es damit getan, dass vor einer bevorstehenden Entscheidung eine Fülle von Informationen zur Verfügung gestellt wird - nämlich dann, wenn Unklarheit darüber besteht, wie diese Informationen einzuordnen sind.
Beratung kann in solchen Situationen dazu beitragen, die neuen Informationen zu ordnen, zu gewichten und zu werten[7].
Im Sinne einer vor allem in der psychosozialen Beratungsarbeit angebotenen Hilfe zur „Informationsbalance" kann Beratung helfen, Informationen kognitiv wie emotional in existierende Wissensbestände und vorhandene Einstellungsmuster zu integrieren (vgl. Nestmann 2008, S. 8). Dabei können zum Beispiel emotional-intellektuelle Divergenzen thematisiert werden, wenn also die betroffene Frau ihre Situation rational und gefühlsmäßig unterschiedlich wahrnimmt (vgl. Rohde, Woopen 2007, S. 30 f.). Beratung kann ferner zur biografischen Arbeit, zur Beziehungs- und zur Gefühlsarbeit anregen, um sich über die Bedeutung persönlicher Vorstellungen und Werte für die bevorstehende Entscheidung klar zu werden.

---

7 Unabdingbare Voraussetzung ist dabei, dass die beratende Person nicht eigene Maßstäbe setzt, da sonst die Gefahr der Manipulation besteht.

Je besser die schwangere Frau durch Beratung Informationen einordnen und mit ihren eigenen Wertvorstellungen in Einklang bringen kann, umso besser wird sie verstehen, was sie tut, wenn sie entscheidet.

### 3.2.3. Dritte Bedingung: Die Person ist frei von kontrollierenden Einflüssen

Die dritte Bedingung für selbstbestimmtes Entscheiden ist, dass die Person frei von kontrollierenden Einflüssen entscheidet.

Fünftes Beispiel: Kontrollierender Einfluss durch das soziale Umfeld
Entscheidungen im Kontext von Pränataldiagnostik und Schwangerschaftsabbruch betreffen nicht allein die schwangere Frau und den Embryo oder Fetus, sondern auch den Partner der schwangeren Frau. Ebenso können die Familien der schwangeren Frau und ihres Partners in bevorstehende Entscheidungen eingebunden sein, genauso wie weitere nahestehende Personen. Hier kann es vorkommen, dass auf die schwangere Frau derartig Druck ausgeübt wird, dass ihr eine selbstbestimmte Entscheidung nicht mehr möglich ist. Beratung kann dazu beitragen, solche Situationen zu erkennen, die eigene Position zu einer bevorstehenden Entscheidung zu ergründen und sich von der kontrollierenden Einflussnahme des sozialen Umfeldes zu befreien.

Sechstes Beispiel: Kontrollierender Einfluss durch externe Zwecke.
Auch externe Zwecke können kontrollierenden Einfluss auf die schwangere Frau nehmen. Unter externen Zwecken sind vor allem ökonomische Gesichtspunkte, medizintechnisch unterstützte Präventionsstrategien und epidemiologisch-statistisch unterstützte Gesundheitsforschung einer am „Gemeinwohl" orientierten Gesundheitspolitik zu verstehen (Damm 2002, S. 382, Hervorhebung im Original; s.a. Nippert 2001). Das gilt insbesondere dann, wenn diese Zwecke der schwangeren Frau durch (bewusstes) Vorenthalten von Informationen verborgen bleiben. Als Beispiel für ökonomische Gesichtspunkte kann das Ultraschallscreening gemäß dem Mutterschafts-Richtlinien herangezogen werden, das aufgrund abrechungstechnischer Gründen in der Vergangenheit regelmäßig routinemäßig" durchgeführt wurde (KBV 2003); als Beispiel medizintechnisch unterstützter Präventionsstrategien die Einstufung von Erstgebärenden über 35 Jahren als „Risikoschwangere". Beratung kann dazu beitragen, solche externen Zwecke gegenüber der schwangeren Frau aufzudecken und ihr so zu ermöglichen, kontrollierende Einflüsse zu erkennen und sich hiervon zu befreien.

Davon ausgehend, dass es richtig ist, dass beratene Entscheidungen besser sind als nicht-beratene, sollten schwangere Frauen im Kontext von Pränataldiagnostik und Schwangerschaftsabbruch Zugang zu Beratung haben. Eine stärkere Schlussfolgerung könnte lauten, dass im Kontext Pränataldiagnostik und Schwangerschaftsabbruch Beratung *stattfinden sollte*. Vorliegend wird allerdings keine Beratungspflicht für schwangere Frauen gefordert. Das hängt damit zusammen, dass der Kontext von Pränataldiagnostik und Schwangerschaftsabbruch weit gefasst ist. Nicht in allen diesem Bereich zuzuordnenden Situationen wird Beratung zur Erreichung selbstbestimmterer Entscheidungen erforderlich sein. Im Gegenteil könnte eine Beratungspflicht zur Pathologisierung der Schwangerschaft führen und damit eher zur Verunsicherung der schwangeren Frau beitragen. Ob die schwangere Frau Beratungsbedarf hat oder nicht, und ob sie Beratung – ärztliche oder psychosoziale Beratung – in Anspruch nehmen möchte oder nicht, sollte sie selbst entscheiden können. Aber wenn sie Beratungsbedarf verspürt und Beratung in Anspruch nehmen möchte, dann sollte sie Zugang hierzu haben.

## 4. Ärztliche und psychosoziale Beratung

Bis hierher wurde versucht zu begründen, in welchen Entscheidungssituationen und warum im Zusammenhang mit Pränataldiagnostik und Schwangerschaftsabbruch beratene Entscheidungen „besser" sind als nichtberatene und dass schwangere Frauen deshalb Zugang zu Beratung haben sollten. Doch was ist Beratung überhaupt?

Eine Annäherung an eine Definition von „Beratung" könnte über das Berufsbild „Berater" erfolgen. Allerdings: „Berater" ist - anders etwa als „Arzt" - keine geschützte Berufsbezeichnung[8] und anders als in der Medizin zum „Arzt" gibt es keine einheitliche Ausbildung zum „Berater"[9]. Vielleicht ist diese Tatsache ausschlaggebend dafür, dass sich in vielen beruflichen Handlungsfeldern die Vorstellung hält, „Beratung sei im Wesentlichen Informieren, bestenfalls mithilfe einer besonderen Gesprächstechnik, die recht leicht, lehr- und lernbar ist" (Engel, Nestmann, Sickendiek 2007, S. 33).

Ebenso offen wie der Beruf ist das Tätigkeitsfeld von Beratung. Beratung gibt es in den verschiedensten Kontexten, und entsprechend weit ist das Zuständigkeitsspektrum mit den unterschiedlichen Theorien, Konzepten und Methoden (Engel, Nestmann, Sickendiek 2007, S. 34). Ist somit Beratung „weit von einer Eindeutigkeit entfernt" (Engel, Nestmann, Sickendiek 2007, S. 33), so lässt sie sich dennoch beschreiben als:

- ein „auf begrenzte Zeit arrangiertes Gesprächsangebot zur Entfaltung von Entwicklungspotenzialen und Kompetenzen, welche in einer aktuellen inneren und/oder äußeren Krise blockiert sind" (Schrödter 2007, S. 456);
- eine „Interaktion zwischen zumindest zwei Beteiligten, bei der die beratende(n) Person(en) die Ratsuchende(n) – mit Einsatz von kommunikativen Mitteln – dabei unterstützen, in Bezug auf eine Frage oder ein Problem mehr Wissen, Orientierung oder Lösungskompetenz zu gewinnen" (Sickendiek, Engel, Nestmann 2008, S. 13);
- „doppelverortet": das heißt als Interaktionsform, die auf Seiten der beratenden Person sowohl feldunabhängige Beratungskompetenz als auch

---

[8] S. zum Beispiel die strafrechtlich geschützten Berufsbezeichnungen in § 132a StGB. Über die dort genannten Bezeichnungen hinaus werden weitere Berufsbezeichnungen ordnungswidrigkeitsrechtlich und landesrechtlich geschützt.
[9] Einige Hochschulen bieten inzwischen einen Studiengang mit dem Abschluss „Master of counselling" an (Zwicker-Pelzer 2009a und 2009b). Die Evangelische Hochschule in Darmstadt bietet den „Master of Social Work/ Psychosoziale Beratung" an (s. Nestmann 2008, S. 5).

Fachwissen erfordert (Engel, Nestmann, Sickendiek 2007, S. 34 ff.; s.a. Deutsche Gesellschaft für Beratung 2003).

Diese Beschreibungen beziehen sich auf unterschiedliche Aspekte des Beratungsbegriffs (Beratungsanlass, -situation, -methoden, -ziel und -kompetenzen), die sich innerhalb verschiedener Beratungskontexte genauer ausleuchten lassen und auf diese Weise die Vielfältigkeit von Beratung offenbaren[10].

Im Zusammenhang mit Pränataldiagnostik und Schwangerschaftsabbruch stehen zwei Beratungsdisziplinen nebeneinander: die Medizin und die psychosoziale Beratung. Zwischen beiden Beratungen gibt es Überschneidungen. So fällt zum Beispiel die „Erörterung psychosozialer Aspekte" per Gesetz - § 2a Abs. 1 SchKG - (auch) in die ärztliche Zuständigkeit. Unter „Erörterung psychosozialer Aspekte" im Sinne des § 2a SchKG ist die Erörterung psychischer und sozialer Gesichtspunkte zu verstehen. Ein psychischer Gesichtspunkt im Kontext von Pränataldiagnostik kann zum Beispiel ein gesundheitlich schwer belastendes Lebensereignis wie der Verlust der Partnerschaft sein. Soziale Gesichtspunkte stammen aus dem Lebensumfeld der Frau wie zum Beispiel wirtschaftliche oder berufliche Aspekte oder auch in Hinblick auf eine zu erwartende gesundheitliche Schädigung oder Behinderung des Kindes. Ebenso fällt unter die Erörterung psychosozialer Aspekte die Information über (staatliche) Unterstützungsangebote (vgl. zum Beispiel BT Drs. 16/12970 S. 24).

Doch auch wenn Überschneidungen zwischen ärztlicher und psychosozialer Beratung auszumachen sind, können beide keineswegs gleichgesetzt werden. Mit ärztlicher Beratung ist die Beratung der schwangeren Frau durch den betreuenden Gynäkologen gemeint, von der die Beratung durch weitere Ärzte wie etwa Humangenetiker und Kinderärzte abzugrenzen ist. Psychosoziale Beratung ist Beratung an Psychosozialen Beratungsstellen – also *institutionalisierte* psychosoziale Beratung.

Weitere Akteure in der Beratung schwangerer Frauen im Zusammenhang mit Pränataldiagnostik und Schwangerschaftsabbruch sind Hebammen und Seelsorger. Im Folgenden konzentriert sich die Beschreibung der verschiedenen Bera-

---

10 Zur Beratung aus Sicht verschiedener Beratungsdisziplinen (Psychologie, Counselling Psychology, Pädagogische Psychologie, Psychotherapie, Allgemeine Pädagogik, Erziehungswissenschaft, Sozialarbeit/Sozialpädagogik, Soziologie, Philosophie, Theologie, Gesundheitswissenschaften/Medizin, Rechtswissenschaften und Wirtschaftswissenschaften) s. Nestmann, Engel, Sickendiek 2007, S. 45 ff. Zur nach wie vor boomenden Counsellingbranche s. Pohlmann 2006, S. 31.

tungen auf die von Ärzten der Fachrichtung Gynäkologie und Psychosozialen Beraterinnen. Für beide Professionen werden dazu Beratungsanlass, -situation, -methoden, -ziele und -kompetenzen identifiziert.

### 4.1. Ärztliche Beratung

Ärztliche Beratung ist „Expertenberatung" und kann damit als genuiner Anteil der medizinischen Tätigkeit angesehen werden, die als halbformalisierte Beratung stattfindet (vgl. Sickendiek, Engel, Nestmann 2008, S. 23).
In der Medizin gibt es verschiedene Bereiche, die als „Beratungsmedizin" oder auch „sprechende Medizin" (Damm 2006, S. 1; ders. 1999, S. 438; Henn, Schindelhauer-Deutscher 2007, S. 174) bezeichnet werden, dazu gehört die Pränataldiagnostik ebenso wie die - mit der Pränataldiagnostik Schnittstellen aufweisende - Humangenetik. In den Bezeichnungen „Beratungsmedizin" und „sprechende Medizin" kommt der besondere Beratungsbedarf zum Ausdruck, der diesen modernen Disziplinen beigemessen wird. Einen Versuch, die ärztliche Beratung im Zusammenhang mit Pränataldiagnostik und Schwangerschaftsabbruch (nicht gemeint ist hier die Schwangerschaftskonfliktberatung gemäß § 219 StGB) als verbindlichen Standard einzuführen, hat die BÄK 1998 mit den „Richtlinien zur pränatalen Diagnostik von Krankheiten und Krankheitsdispositionen" (BÄK 1998b) unternommen, flankiert von der „Erklärung der Bundesärztekammer zum Schwangerschaftsabbruch nach Pränataldiagnostik" (BÄK 1998a). Weil aber nur zwei von 17 Landesärztekammern die Richtlinien durch Übernahme in die für ihre Kammerangehörigen verbindlichen Berufsordnungen integriert haben[11], konnte ein einheitlicher Standard auf diesem Weg nicht hergestellt werden. Ein im Jahr 2006 unternommener Versuch, eine für die schwangere Frau (sogar) verpflichtende ärztliche Beratung als Voraussetzung für einen medizinisch indizierten Schwangerschaftsabbruch nach Eintritt der extrauterinen Lebensfähigkeit des Fetus im Strafgesetzbuch zu etablieren (BÄK, DGGG 2006), scheiterte ebenso wie schon im Jahr zuvor verschiedene Fraktionsinitiativen zum Umgang mit Schwangerschaftsabbrüchen nach Pränataldiagnostik (BT Drs. 15/3948; 15/4148 und 15/5034). Seit Anfang 2010 sind Ärzte zur Beratung im Kontext von Pränataldiagnostik gesetzlich verpflichtet, sowohl durch § 2a SchKG als auch durch §§ 10, 15 GenDG.

---

11 Bindungswirkung erlangten die Richtlinien durch Integration in die Berufsordnungen der Landesärztekammern Hamburg (§ 13 Abs. 2 BO LÄK HH, Berufsordnung der Landesärztekammer Hamburg vom 27.03.2000 in der Fassung vom 20.02.2006, in Kraft getreten am 11.06.2006) sowie Mecklenburg-Vorpommern (§ 13 Abs. 2 BO LÄK MV, Berufsordnung der Landesärztekammer Mecklenburg-Vorpommern vom 20.05.2005 in der Fassung vom 03.07.2007).

Die gynäkologische Beratung im Zusammenhang mit Pränataldiagnostik erfolgt je nach Anlass durch den (in der Regel) niedergelassenen, die Frau während der Schwangerschaft betreuenden Gynäkologen und/oder durch einen Pränataldiagnostiker, zu dem die schwangere Frau im Rahmen der Schwangerenversorgung überwiesen wurde[12]. Die Ausgangslage für die Beratung kann sich, je nachdem, wer die Beratung durchführt, unterscheiden: Während die schwangere Frau „ihren" niedergelassenen Gynäkologen oftmals schon seit Jahren kennt und mit ihm auf dieser Grundlage bereits vertraut ist, trifft das für den zur weiteren Diagnostik hinzugezogenen Pränataldiagnostiker in der Regel nicht zu.

### 4.1.1. Beratungsanlass

Um zwei Beratungsanlässe soll es im Zusammenhang mit Pränataldiagnostik und Schwangerschaftsabbruch gehen: um bevorstehende pränatale Untersuchungen und um einen nach Pränataldiagnostik vorliegenden auffälligen Befund. In beiden Fällen können aus Sicht der schwangeren Frau Fragen im Raum stehen und es können Probleme auftreten, die sich, vor allem nach Mitteilung eines auffälligen pränatalen Befundes, bis hin zu einer aktuellen Krise verdichten können (vgl. Baldus 2006, S. 296; Rohde, Woopen 2007, S. 33 f.).

### 4.1.2. Beratungssituation

In der ärztlichen Beratung besteht die Interaktion zwischen dem Arzt und der schwangeren Frau, gegebenenfalls begleitet von ihrem Partner. Ort für das Beratungsgespräch ist die Praxis des Arztes - dort, wo auch die Untersuchungen stattfinden oder stattgefunden haben. Die schwangere Frau ist Patientin und das der Beratungssituation zugrundeliegende Verhältnis ein Arzt-Patient-Verhältnis. Mit dem Arzt-Patient-Verhältnis gehen einige Besonderheiten einher, die diese spezielle Beratungssituation von anderen unterscheidet.

Nicht auszublenden ist zunächst die für das Arzt-Patienten-Verhältnis typische Asymmetrie, die durch das Fachwissen des Arztes geprägt ist. Aufgrund seiner Ausbildung und Praxis ist der Arzt Experte hinsichtlich medizinischwissenschaftlicher Parameter. Die Patientin als medizinischer Laie verfügt nicht über dieses Fachwissen. In Hinblick auf die Beurteilung ihrer gesundheitlichen Situation und der des Fetus, gegebenenfalls medizinisch notwendiger Untersu-

---

12 Im Falle eines Schwangerschaftsabbruchs hat außerdem der Arzt, der den Schwangerschaftsabbruch vornimmt, die schwangere Frau zu beraten (§ 218c Nr. 2 StGB). Diese Beratung soll im Folgenden jedoch ebenso wie die Beratung durch Ärzte anderer Fachrichtungen, die zur gynäkologischen Beratung hinzugezogen werden können, vernachlässigt und der Fokus auf die gynäkologische Beratung gerichtet werden.

chungen, Diagnostik und Therapie ist sie auf die Expertise des Arztes angewiesen. Weniger als Ausgleich des Wissensvorsprungs des Arztes als vielmehr noch eine Verstärkung des Asymmetrie-Verhältnisses kommt hinzu, dass die Patientin Expertin für ihre eigene Situation ist (vgl. Wolff 2001, 101).

Diese Asymmetrie zu überwinden und zu einem Gespräch kommen, in dem es *nicht* darum geht, dass der Experte Rat gibt und vom Laien erwartet wird, dass dieser Rat - im Sinne guter *Compliance* - angenommen und umgesetzt wird, stellt eine Herausforderung dar.

Ziel ärztlichen Handelns ist die Heilung oder Linderung von Krankheiten (Lammert *et al.* 2002, S. 25). Dieses Ziel, der professionelle Hintergrund und die tägliche Praxis prägen den Blick des Arztes auch in der Beratungssituation. Der ist auf mögliche Behandlungen, damit auf Krankheiten, Störungen und Risiken gerichtet (Woopen, Rummer 2009, S. 132). Vom Arzt wird richtliniengerechtes Handeln gefordert, üblicherweise einhergehend mit eindeutigen Handlungsempfehlungen und Anweisungen. Dem entspricht es, wenn schwangere Frauen von „ihrem" Arzt (neben Vertrauenswürdigkeit und Fachkompetenz) Dominanz und Durchsetzungsvermögen erwarten. Gerade in Notfallsituationen, so eine Interpretation dieses speziellen Arzt-Patienten-Verhältnisses, würden Hilfe und Stütze bei einem sicher und entschlossen wirkenden Arzt gesucht (Rauchfuß 2001, S. 712, s.a. Friedrich *et al.* 1998, S. 251).

Unter solchen Voraussetzungen - wenn der Arzt in seiner Rolle des medizinischen Experten verharrt und die Frau medizinische Handlungsanweisungen erwartet - gerät die Beratungssituation allerdings in eine Schieflage. „Beratung ist - zumindest im professionellen Verständnis - nicht gleichzusetzen mit Ratgeben" (Sickendiek, Engel, Nestmann 2008, S. 13).

Genau das kann aus einer solchen Situation aber werden, während gleichzeitig die schwangere Frau vom Arzt in die Rolle des entscheidenden Subjekts gedrängt wird (Friedrich *et al.* 1998, S. 236, 240). Eine solche Beratungssituation ist geprägt von einem gegenseitigen Zuschieben von Verantwortung. Die schwangere Frau möchte die Verantwortung für anstehende Entscheidungen an den Arzt abgeben (Rauchfuß 2001, S. 712), der Arzt seinerseits an die schwangere Frau, indem er deutlich macht, dass sie es sei, die eine Entscheidung zu treffen habe (Friedrich *et al.* 1998, S. 240).

> Eine spezielle „Beratungs"situation allerdings *fordert* vom Arzt die Rolle der medizinischen Autorität (vgl. Kuhn *et al.* 2008b, S. 269 f.), nämlich dann, wenn es um die schriftliche Feststellung der medizinischen Indikation im Sinne des § 218a Abs. 2 StGB geht, der gemäß § 2a Abs. 2 SchKG grundsätzlich ein Beratungsgespräch vorauszugehen hat. Der Arzt hat über das Vorliegen oder

Nichtvorliegen der Voraussetzungen für eine medizinische Indikation zu entscheiden, und zwar ungeachtet dessen, dass die (vorgeschriebene) Beratung suggeriert, dass es die Beratene sei, die eine Entscheidung zu treffen habe. In dieser speziellen Beratungssituation geht es primär um den Arzt, der sich aufgrund des „Beratungs"gesprächs ein Bild von der schwangeren Frau soll machen können, um das Vorliegen der Voraussetzungen der medizinischen Indikation beurteilen zu können (vgl. Woopen, Rummer 2009, S. 132). Dass es für die schwierige (wenn überhaupt mögliche) Prognose im Sinne des § 218a Abs. 2 StGB[13] unerlässlich ist, dass der Arzt die schwangere Frau sieht und spricht, liegt auf der Hand; eine Beratungssituation dürfte hier allerdings kaum vorliegen.

Erst in einem weiteren Schritt, wenn der Arzt das Vorliegen der Voraussetzungen der medizinischen Indikation attestiert hat, geht es um eine Entscheidung der schwangeren Frau, nämlich über Fortsetzung oder Abbruch der Schwangerschaft. Ob der Arzt die Voraussetzungen der medizinischen Indikation als gegeben sieht oder nicht, dürfte für die schwangere Frau dabei eine entscheidende Weichenstellung sein.

Ein weiterer Aspekt, der die Beratungssituation zwischen Arzt und schwangerer Frau prägt, ist der Zeitdruck der alltäglichen Praxis (Feldhaus-Plumin 2004,S. 53; Hufendiek 2011b, S. 65; Lammert et al. 2002, S. 26; Wassermann/Rohde 2009, S. 85). Der für die Abrechnung ärztlicher Leistungen maßgebliche Einheitliche Bewertungsmaßstab [EBM] erlaubt eine einmalige Abrechnung pro Behandlungsfall im Rahmen der Schwangerenvorsorge gemäß den Mutterschafts-Richtlinien; umfasst sind davon Beratungen und Untersuchungen gemäß den Mutterschafts-Richtlinien, Ultraschalluntersuchungen nach Anlage 1a und 1b der Mutterschafts-Richtlinien, und Bilddokumentation(en) (KBV 2013, Ziff. 01770); der Aufwand wird mit 58 Minuten vorgegeben[14].

Ebenfalls eine Besonderheit des Arzt-Patient-Verhältnisses ist es, dass der Arzt aufgrund zivil-, straf- und berufsrechtlicher Regelungen für sein Handeln haftet. Fehler in der ärztlichen Betreuung schwangerer Frauen können empfindliche

---

13 Gemäß § 218a Abs. 2 StGB hat der Arzt zu beurteilen, ob „der Abbruch der Schwangerschaft unter Berücksichtigung der gegenwärtigen und zukünftigen Lebensverhältnisse der Schwangeren nach ärztlicher Erkenntnis angezeigt ist, um eine Gefahr für das Leben oder die Gefahr einer schwerwiegenden Beeinträchtigung des körperlichen oder seelischen Gesundheitszustandes der Schwangeren abzuwenden, und die Gefahr nicht auf eine andere für sie zumutbare Weise abgewendet werden kann."
14 Quelle: Angaben für den zur Leistungserbringung erforderlichen Zeitaufwand des Vertragsarztes gemäß § 87 Abs. 2 S. 1 SGB V in Verbindung mit § 106a Abs. 2 SGB V; online verfügbar unter http://www.kbv.de/ebm2013/html/000/J00000AR3000QG0.html; zuletzt geprüft am 5.4.2013.

Konsequenzen nach sich ziehen[15]. Aus ärztlicher Sicht wurde vor diesem Hintergrund bereits vor einigen Jahren vor einer „Tendenz zur Defensivmedizin und zur Ausbreitung der Pränataldiagnostik über das medizinisch notwendige und indizierte Maß hinaus" gewarnt, die auf „das Ausmaß der befürchteten Arzthaftung bis hin zu jahrzehntelangen Unterhaltszahlungen bei fehlerhafter Diagnostik, bei der eine schwere Vorschädigung des Ungeborenen nicht erkannt wurde" zurückzuführen sei (Kowalcek 2003, S. 1059; Nippert 2000, S. 15, s.a. Feldhaus-Plumin 2005, S. 309)[16]. Wenn es vor diesem Hintergrund Ziel des Arztes ist, fetale Auffälligkeiten so früh wie möglich zu finden (Hürlimann 2006, S. 23), so kann das auf die Beratungssituation bestimmenden Einfluss nehmen.

Und schließlich: Nicht alle pränataldiagnostischen Maßnahmen sind vom Umfang der Kassenärztlichen Versorgung gedeckt, einige werden als „Individuelle Gesundheitsleistungen" (IGeL) angeboten. An IGeL verdienen Ärzte. Hier kann ein (verdeckter) Interessenkonflikt zwischen Arzt und Patientin entstehen, der die Beratungssituation zusätzlich beeinflussen kann (vgl. Rauchfuß 2001, S. 709; s.a. BZgA 2010, S. 137).

### 4.1.3. Beratungsmethoden

Ärztliche Beratungsgespräche im Zusammenhang mit Pränataldiagnostik und Schwangerschaftsabbruch folgen, soweit ersichtlich, nicht einer bestimmten oder mehreren verschiedenen Methoden. Ähnlich differenzierte Konzepte der Gesprächsführung, wie sie psychosoziale Beratung kennt, werden in der ärztlichen Aus-, Fort- und Weiterbildung nicht vermittelt (Woopen, Rummer 2009, S. 133). Auch wenn Beratung nicht mit der Zusammenstellung verschiedenen Methoden gleichzusetzen ist, sind Methoden in der Beratung wichtig als „geplante Wege von einer bestimmten Problemstellung hin zu einem definierten Beratungsziel. Sie sind wichtig als Träger der Interaktion zwischen Berater und Ratsuchenden. Sie haben Bedeutung als unzählige einzelne Verfahren zusammengefasst in übergeordneten Strategien und Beratungsstilen, die diese Verfahren zusammenhalten und in sich einschließen" (Sickendiek, Engel, Nestmann 2008, S. 134 f.).

---

15 Für einen Überblick über die Entwicklung der Rechtsprechung bis 2003 s. Müller 2003 und Deutsch 2003.
16 Drastisch Kainer 2002, S. 2545: „Der Pränatal- und Geburtsmediziner ist zurzeit der einzige Vertreter unter den Ärzten, der mit juristischen Folgen zu rechnen hat, wenn eine Tötung des ihm anvertrauten Patienten im vorgelegten Zeitraum nicht durchgeführt wurde."

Drei im weitesten Sinne der Methodik zuzuordnende Ansprüche ärztlicher Beratung sind der Anspruch auf Ergebnisoffenheit, der Anspruch der Allgemeinverständlichkeit und der Anspruch der Nichtdirektivität. Letzterer ist geradezu paradigmatisch, gleichwohl nicht unumstritten (vgl. Wolff 1998b, S. 174, Damm 2006, S. 206).

Unter Ergebnisoffenheit kann verstanden werden, dass es unzulässig ist, wenn vor dem Beratungsgespräch bereits ein bestimmtes Ergebnis vorgegeben ist, welches vom Berater verfolgt wird.

Der Anspruch der Allgemeinverständlichkeit ist dem Wissensgefälle zwischen Arzt und Patientin in Hinblick auf medizinische Sachverhalte und den daraus resultierenden unterschiedlichen Sprachen geschuldet. Um als Laie medizinische Sachverhalte zu verstehen, muss sich der Experte um eine Sprache bemühen, die der Laie verstehen kann: „Der ‚gute Arzt' zeichnet sich dadurch aus, dass er die Inhalte seiner Wissenschaft in einer anschaulichen und überzeugenden Form vermitteln kann" (Kovács, Frewer 2009, S. 205). Das geschieht, indem medizinische Fachtermini vermieden und stattdessen Umschreibungen gewählt werden. Auch die Herstellung von Analogien zu alltäglichen Sachverhalten trägt zur Allgemeinverständlichkeit bei, ebenso die Verwendung von Metaphern (Kovács, Frewer 2009, S. 205 ff.).

> Die Verwendung von Metaphern ist nicht unproblematisch. Untersuchungen zeigen, dass Metaphern das Denken gerade bei komplexen Sachverhalten maßgeblich beeinflussen können, und zwar ohne, dass das bewusst wahrgenommen wird. Schon ein einziges Wort kann ausreichen, um die Art und Weise festzulegen, wie Personen versuchen, einen komplexen Sachverhalt zu lösen, indem sie etwa nur noch bestimmte Informationen nachfragen und Entscheidungen dann auf dieser Grundlage treffen (Thibodeau, Boroditsky 2011). In der genetischen Beratung wurde die „Macht medizinischer Metaphern" untersucht. Aufgrund der Wirkung von Metaphern wird gefordert, diese *bewusst* anzuwenden, also darauf zu achten, dass mit ihnen sachlich korrekte Informationen vermittelt, dass die Informationen ohne Wertung übermittelt und dass sie den kognitiven Fähigkeiten des Patienten entsprechend eingesetzt werden (Kovács, Frewer 2009, S. 216).

Eine Definition des Grundsatzes der Nichtdirektivität als „Basistheorem insbesondere im Bereich der Humangenetik" (Damm 2006, S. 18) lautet, dass die Betroffenen über medizinische Fakten informiert werden sollen, um dann ohne Beeinflussung seitens des Beraters ihre Entscheidung zu treffen. Beratung soll also informativ, aber nicht im Sinne einer bestimmten Entscheidung intentional motivierend oder gar manipulativ sein (Damm 2006, S. 18). Die Kritik an der Nichtdirektivität setzt mit dem Vorwurf der Uneinlösbarkeit des Versprechens des Nichtbeeinflussens an (Wolff 1998b, S. 180). Statt Nichtdirektivität zu suggerieren, solle mit dem unvermeidlichen und in der Beratung durchaus beabsichtigten Einfluss des Beraters verantwortungsvoll umgegangen werden. Abzugrenzen sind hier eine „formale selektive Verstärkung", bei der der Berater aktiv die Initiative übernehmen kann, um den Patienten auf dem Weg zu einer Entscheidung zu unterstützen, von einer „inhaltlichen selektiven Verstärkung", mit der der Berater versucht, den Patienten zu bestimmten, selbst präferierten Einstellungen oder Verhaltensweisen zu drängen. Alternativ oder im Sinne einer Weiterentwicklung werden „personenzentrierte" oder „erfahrungsorientierte" Beratungsansätze diskutiert (Wolff 1998b, S. 180, Damm 2006, S. 18, s.a. Ukowitz 2005, S. 75 f.).

### 4.1.4. Beratungsziel und Beratungsinhalte

Beratungsziele sind anlassbezogen. Anlass ärztlicher Beratung im Zusammenhang mit Pränataldiagnostik und Schwangerschaftsabbruch ist zum einen eine bevorstehende pränatale Untersuchung, zum anderen ein nach Pränataldiagnostik vorliegender auffälliger Befund. In beiden Fällen sind Entscheidungen gefordert. Ziel der Beratung ist daher (empirisch) eine selbstbestimmte Entscheidung oder (rechtlich) die Wahrung des Selbstbestimmungsrechts[17]; im ersten Fall über Inanspruchnahme oder Verzicht auf eine pränatale Untersuchung, im zweiten Fall im Umgang mit dem Befund, der letztlich in die Entscheidung über Fortsetzung oder Abbruch der Schwangerschaft führen kann[18]. „Grundlage der Beratung ist es, eine gemeinsame Kommunikationsbasis zu schaffen, auf der man sich so annähert, dass ein verständlicher und nachvollziehbarer Austausch möglich ist, *mit dem Ziel, der Schwangeren eine eigene Entscheidungsfindung zu ermöglichen.*" (Schwerdtfeger 2007, S. 734, Hervorhebung durch Verf.; s.a. Taupitz 2001, S. 286; BÄK 1998b, S. A-3236). Ärztliche Beratung ist damit auf die Herstellung von Entscheidungskompetenz gerichtet (vgl. Damm 2006, S. 1; ders. 2004, S. 13 f.).

---

17 S.o. Ziff. 3. Bessere Entscheidungen durch Beratung. Vgl. auch Damm 2006, S. 10.
18 Außen vor bleiben soll hier die dem Arzt obliegende Entscheidung über das Vorliegen oder Nichtvorliegen der medizinischen Indikation (s.o. Ziff. 4.1.2. Beratungssituation); Beratungsziel ist in diesem Fall eine Entscheidung des Arztes, nicht der schwangeren Frau.

Exkurs: Abgrenzung von Aufklärung und Beratung
Von dem Beratungsziel „selbstbestimmte Entscheidung" ist das Ziel der ärztlichen Aufklärung „rechtswirksame Einwilligung" (zum Beispiel in eine Untersuchung, in die Vornahme des Schwangerschaftsabbruchs) zu unterscheiden. In der Praxis sind die Übergänge zwischen Aufklärung und Beratung fließend, gleichwohl ist beides nicht gleichzusetzen:
Aus rechtlicher Sicht ist in der Aufklärung die Grundlage für die wirksame Einwilligung in eine konkrete ärztliche Maßnahme[19] zu sehen. Voraussetzung für eine wirksame Einwilligung ist unter anderem, dass sie in Kenntnis von Grund, Art, Umfang sowie beabsichtigten und möglichen Folgen des Eingriffs erklärt wird. Die ärztliche Aufklärung ist für den Arzt daher von zentraler Bedeutung (Fischer 2007; § 228 Rz. 13) und dem Grunde nach vor allem darauf gerichtet, eigenmächtige Behandlung durch den Arzt abzuwehren (vgl. Damm 2006, S. 1, ders. 2004, S. 13 f.).
Die ärztliche Aufklärung dient gleichzeitig der Herstellung des *informed consent*. Der *informed consent* als Legitimation für medizinische Heileingriffe wurde zunächst als ethische Forderung erhoben und zwischenzeitlich von der Rechtsprechung als rechtliche Wirksamkeitsvoraussetzung übernommen[20]. Als ethisches Minimum verlangt der *informed consent* die Information des Patienten über seine medizinische Situation, die Darstellung der ärztlich präferierten Therapieoptionen im Kontext der jeweiligen Prognose, die Sicherstellung beziehungsweise Feststellung, dass der Patient seine medizinische Situation und die Vorschläge zum weiteren diagnostischen oder therapeutischen Prozedere verstanden hat, die Zusicherung der Entscheidungsfreiheit unter besonderer Berücksichtigung des Patientenwillens sowie schließlich die (informierte) Zustimmung beziehungsweise die (informierte) Ablehnung des Patienten zu einer Maßnahme (Krones/Richter 2007, S. 97 f.; s.a. Beauchamp, Faden 2004, S. 1280).
Das Ziel ärztlicher Aufklärung - die rechtswirksame Einwilligung in eine medizinische Maßnahme - ist damit enger gefasst als Beratung.

Die Inhalte der ärztlichen Beratung richten sich an den Beratungszielen aus (Damm 2006, S. 15). Eine Besonderheit ärztlicher Beratung (gegenüber psychosozialer Beratung) ist, dass diese Beratungsinhalte rechtlich vorgegeben sind: In den einschlägigen Regelungen des SchKG und des GenDG nebst ausführender Richtlinie der GEKO, noch ausführlicher in Vorgaben der BÄK, finden sich umfangreiche Beratungskataloge. Die Inhalte solcher Regelungen lassen sich in

---

19 S.o. Ziff. 3.1. Die Bedeutung der Selbstbestimmung im Arzt-Patient-Verhältnis.
20 „Erst eine nach vollständiger und gewissenhafter Aufklärung des Patienten wirksame Einwilligung ("informed consent") macht den Eingriff in seine körperliche Integrität rechtmäßig" (BGH, Urteil vom 15.03.2005 = NJW 2005, 1718-1720).

drei Kategorien unterteilen: in kategoriale, prozedurale und materiale Beratungsstandards (Damm 2006, S. 15 ff.).
Kategoriale Beratungsstandards betreffen die Frage des „Ob", also ob eine Beratung in einer bestimmten Situation stattfinden soll oder muss.
Unter prozedurale Beratungsstandards fallen Verfahrensvorgaben. Dazu zählt einerseits die Vorgabe, in welchen Situationen zu beraten ist (hier: bevorstehende pränataldiagnostische Untersuchung, Vorliegen der Untersuchungsergebnisse) und andererseits, wer die Akteure sein sollen. In der Beratung im Zusammenhang mit Pränataldiagnostik und Schwangerschaftsabbruch sind das neben dem Arzt und der Patientin Ärzte anderer Disziplinen, die zur Beratung hinzuzuziehen sind (etwa Humangenetiker oder Ärzte, die mit der diagnostizierten Erkrankung bei geborenen Kindern Erfahrung haben, beispielsweise Neonatologen), sowie Vertreter weiterer Professionen wie Beraterinnen Psychosozialer Beratungsstellen oder Mitarbeiterinnen von Behindertenverbänden und Selbsthilfegruppen.
Materiale Beratungsstandards betreffen die „Dichte", in der Beratung zu erfolgen hat, und darüber hinaus die Themen, die in die Beratung einzubeziehen sind. Für die „Beratungsdichte" haben sich Generalklauseln etabliert; sie wird aufsteigend verklausuliert als „angemessen", „ausführlich", „eingehend" und „umfassend" bezeichnet (Damm 2006, S. 15 mit weiteren Nachweisen). Die „eingehende Erörterung" als zweithöchste Steigerung, wie sie für die Beratung vor und nach genetischen pränatalen Untersuchungen und bei auffälligem pränatalem Befund vorgeschrieben sind, impliziert dabei eine hohe Beratungsdichte und dürfte daher eine Beratung „im Großen und Ganzen" nicht genügen lassen (vgl. Damm 2006, S. 15 f.).
Thematisch orientiert sich ärztliche Beratung an der bevorstehenden Untersuchung oder dem vorliegenden Untersuchungsergebnis; dabei geht es um die Vermittlung von Informationen (vgl. Rauchfuß 2001, S. 719). Medizinische und nichtmedizinische Informationen stehen nebeneinander, wenn die Beratung entsprechend den rechtlichen Vorgaben medizinische, psychische und soziale Fragen sowie Möglichkeiten zur Unterstützung bei physischen und psychischen Belastungen einbezieht; nach professionsinternen Vorgaben sollen auch rechtliche Informationen in dem Beratungsgespräch vermittelt werden[21]. In der Praxis steht die Vermittlung medizinischer Informationen im Vordergrund (vgl. zum Beispiel Kuhn *et al.* 2008a, S. 177).

---

21 Zu den rechtlichen Vorgaben im einzelnen s.u., Ziff. 5.1. Gesetzliche und untergesetzliche Grundlagen ärztlicher Beratung.

### 4.1.5. Beratungskompetenzen

Ausgehend von dem Konzept der „Doppelverortung" von Beratung (Engel, Nestmann, Sickendiek 2007, S. 34 ff.) erfordert Beratung als Interaktionsform von der beratenden Person sowohl feldunabhängige Beratungskompetenz als auch Fachwissen. Die Kompetenz gynäkologischer Beratung fokussiert regelmäßig auf dem (medizinischen) Fachwissen. Ärzte haben die Aufgabe „das Leben zu erhalten, die Gesundheit zu schützen und wiederherzustellen, Leiden zu lindern, Sterbenden Beistand zu leisten und an der Erhaltung der natürlichen Lebensgrundlagen im Hinblick auf ihre Bedeutung für die Gesundheit der Menschen mitzuwirken" (BÄK 2011, § 1 (Muster)Berufsordnung für die deutschen Ärztinnen und Ärzte). Die medizinische Behandlung ist Inhalt der Aus-, Fort- und Weiterbildung, hier liegt die fachliche Kompetenz von Ärzten. Konzepte der Gesprächsführung spielen bei der ärztlichen Aus- und in der gynäkologischen Fort- und Weiterbildung eine weit untergeordnete Rolle (vgl. Rauchfuß 2001, S. 709)[22]; eine Zusatzqualifikation für Beratung und Gesprächsführung ist für die in diesem Bereich tätigen Fachärzte nicht selbstverständlich (Kuhn *et al.* 2008b, S. 17)[23]. Für das medizinische Beratungshandeln und das Informieren in diesem Rahmen kann also ein „Professionsvorbehalt qua fachlicher Kompetenz grundsätzlich nicht reklamiert werden" (Damm 2006, S. 2). Angesichts des Ziels ärztlicher Beratung, nämlich die selbstbestimmte Entscheidung und die Wahrung des Selbstbestimmungsrechts der schwangeren Frau, ist das nicht unproblematisch, denn hier ist nicht primär die fachliche Kompetenz betroffen, sondern professionelle Beratungspraxis. Aus diesem Grund wird (auch von ärztlicher Seite) die Fähigkeit zur kommunikativen Gesprächsführung und Beziehungsgestaltung gefordert (Rauchfuß 2001, S. 721) und professionelle Schulung und Weiterbildung für sinnvoll erachtet (Schwerdtfeger 2007, S. 740).

---

22 Für den Bereich der Allgemeinmedizin wurde eine „Befähigung zur Beratungsmedizin" gefordert, umzusetzen in einer Basisleitlinie. Hintergrund dieser Forderung sind die „sich inzwischen mehrenden objektivierbaren Hinweise[n] (auch aus methodisch anspruchsvoll durchgeführten Studien) zur Bedeutung von Kommunikationsstilen und Versorgungsformen für den gesundheitlichen Outcome beim Patienten" (Fischer *et al.* 2001, S. 436 und S. 439). Zu einschlägigen Lehrinhalten in der ärztlichen Fort- und Weiterbildung, etwa der „Psychosomatischen Grundversorgung" oder der Zusatzweiterbildung „Psychotherapie fachgebunden", s. u., Ziff. 6.1.1. Beratung im Rahmen der ärztlichen Fort- und Weiterbildung gemäß der (Muster)Weiterbildungsordnung der BÄK.
23 Zur Beratung als Bestandteil ärztlicher Qualifikation im Einzelnen s.u. Ziff. 6.1. Berufsrechtliche Grundlagen ärztlicher Beratung.

## 4.2. Psychosoziale Beratung

Psychosoziale Beratung ist professionelle Beratung. Sie wird als institutionalisierte Beratung von professionellen Beraterinnen mit ausgewiesener Beratungskompetenz an Beratungsstellen angeboten und erfolgt als ausgewiesene und stark formalisierte Beratung (vgl. Sickendiek, Engel, Nestmann 2008, S. 23; s. zum Beispiel den standardisierten Beratungsablauf bei institutioneller Beratung, Bundeskonferenz für Erziehungsberatung 2003).

Im Zuge der (turbulenten) Reform des Schwangerschaftsabbruchsrechts wurde durch das „Gesetz zum Schutz des vorgeburtlichen/werdenden Lebens, zur Förderung einer kinderfreundlicheren Gesellschaft, für Hilfen im Schwangerschaftskonflikt und zur Regelung des Schwangerschaftsabbruchs (Schwangeren- und Familienhilfegesetz)" (BGBl. I 1992, S. 1398) ein allgemeiner Beratungsanspruch von Frauen und Männern auf Beratung an Psychosozialen Beratungsstellen (unter anderem) zu Vorsorgeuntersuchungen in der Schwangerschaft beschlossen. Dieser Anspruch besteht seit dem 5. August 1992; seither gehört die Beratung zu Fragen von Pränataldiagnostik ebenso wie die zum Schwangerschaftsabbruch zum Leistungsspektrum Psychosozialer Beratungsstellen. Konkretisiert werden diese Vorgaben durch landesrechtliche Regelungen. Die Beratung ist für die schwangere Frau unmittelbar zugänglich, eine Überweisung durch eine andere Stelle ist nicht notwendig; außerdem ist sie in der Regel kostenlos.

Dem medizinischen Fortschritt bei der Schwangerenversorgung geschuldet, wird eine „umfassende qualifizierte Beratung" schwangerer Frauen gefordert (Lammert et al. 2002, S. 35) und versucht, über die für die allgemeine Schwangerenberatung geltenden gesetzlichen Rahmenbedingungen hinaus Standards zu formulieren, die den Anforderungen dieses Bereiches gerecht werden. Es existiert eine Reihe an Leitlinien und Konzeptionen, die sowohl von Fachverbänden als auch von Trägern Psychosozialer Beratungsstellen erlassen wurden und in unterschiedlichem Grad jeweils die eigenen Verbands- oder Trägerangehörigen binden[24].

---

24 Die Deutsche Gesellschaft für Beratung e.V. (DGfB) (http://www.dachverband-beratung.de/dgfb.php, zuletzt geprüft am 9.4.2013) ist eine Dachorganisation von zurzeit 28 Verbänden, die unterschiedlichen Kontexten entstammen. Zu den Mitgliedsverbänden gehören unter anderem Pro Familia und die Evangelische Konferenz für Familien und Lebensberatung e. V. (EKFuL), zweier Träger Psychosozialer Beratungsstellen, die Beratung schwangerer Frauen im Zusammenhang mit Pränataldiagnostik und Schwangerschaftsabbruch anbieten. Die Standards der Deutschen Gesellschaft für Beratung sind für die Mitgliedsverbände verbindlich.

### 4.2.1. Beratungsanlass

Beratungsanlässe, um die es im Folgenden bei der Beschreibung psychosozialer Beratung gehen soll, sind bevorstehende pränatale Untersuchungen und ein nach Pränataldiagnostik vorliegender auffälligen Befund. Ein weiterer Anlass kann die Wartezeit sein, wenn die Untersuchung bereits vorgenommen wurde, das Ergebnis aber noch nicht vorliegt[25]. Alle Anlässe entstehen im Zusammenhang mit der medizinischen Schwangerenversorgung - und damit außerhalb psychosozialer Beratung.

Auch wenn Frauen psychosoziale Beratung im Zusammenhang mit Pränataldiagnostik als hilfreich empfunden haben (Rohde, Woopen 2007, S. 44) und Beratung vor, während und nach Pränataldiagnostik anderen schwangeren Frauen empfehlen würden (Rohde, Woopen 2007, S. 47), ist sie bei weitem nicht selbstverständlicher Bestandteil in der Schwangerenversorgung. Vor und während Pränataldiagnostik wird der Anspruch sehr selten genutzt. Erst dann, wenn nach Pränataldiagnostik ein auffälliger Befund vorliegt, wird psychosoziale Beratung in Anspruch genommen; und auch das eher selten (Geier 2001, S. 733; Dewald, Cierpka 2001a, S. 565). Bis sich psychosoziale Beratung zusammen mit der ärztlichen Versorgung als „selbstverständlicher und integrativer Bestandteil der Betreuung von Schwangeren im Kontext pränataler Diagnostik" etabliert - so, wie es sich der Gesetzgeber mit der Einführung des § 2a SchKG erhofft hat (BT Drs. 16/12970, S. 24) - ist es offenbar noch ein weiter Weg. Gründe, die für die seltene Inanspruchnahme genannt werden, setzen vor allem bei dem fehlenden Bekanntheitsgrad psychosozialer Beratung an (Dewald, Cierpka 2001a, S. 565), und das, obwohl der Arzt im Rahmen der Schwangerenversorgung gemäß den Mutterschafts-Richtlinien die schwangere Frau auf ihren Anspruch auf psychosoziale Beratung hinzuweisen hatte, lange bevor entsprechende Hinweispflichten in das SchKG und das GenDG aufgenommen wurden. Wenn Ärzte ihre Patientinnen auf den Anspruch auf psychosoziale Beratung nicht hinweisen, kann das an fehlender Kenntnis etwa der Professionalität psychosozialer Beratung liegen, aber auch an fehlender Kenntnis dessen, was psychosoziale Beratung leistet (vgl. Dewald, Cierpka 2001a; Kuhn et al. 2008b, S. 20, Rummer, Horstkötter, Woopen 2011, S. A-1963). Wenn Ärzte „psychosoziale Beratung" überdies als „genuin ärztliche Aufgabe" sehen (Kentenich, Tandler-Schneider 2008, S. 153), kommt hinzu, dass sie das Angebot der Bera-

---

25 Auch in der Zeit danach findet psychosoziale Beratung statt, sei es nach der Geburt des Kindes oder nach einem Schwangerschaftsabbruch oder einer Totgeburt, etwa als Trauerbegleitung. Diese Beratungsanlässe bleiben in den folgenden Betrachtungen außer vor.

tung an Psychosozialen Beratungsstellen vielleicht generell für nicht notwendig halten oder aber auch im Einzelfall entscheiden, dass ihre Patientin dieses Angebot nicht braucht. Daneben werden psychische Barrieren genannt, die der schwangeren Frau die Inanspruchnahme des psychosozialen Beratungsangebots erschweren, wie zum Beispiel die Vermeidung einer intensiven emotionalen Auseinandersetzung oder eine generelle Zurückhaltung gegenüber psychosozialen Hilfsangeboten (Kuhn *et al.* 2007, S. 775 f.). Um gleichwohl die Niedrigschwelligkeit des psychosozialen Beratungsangebots sicherzustellen, braucht es in dieser Situation eine die schwangere Frau zur Inanspruchnahme psychosozialer Beratung motivierende Haltung des Arztes.

**4.2.2. Beratungssituation**

Psychosoziale Beratung findet entweder als Einzel- oder als Paarberatung in einer Psychosozialen Beratungsstelle statt; die Interaktion erfolgt zwischen der Beraterin als professionelle Beratungsfachkraft und der schwangeren Frau als Klientin (gegebenenfalls mit Partner). Im Regelfall kennen Psychosoziale Beraterin und schwangere Frau einander vor dem ersten Beratungsgespräch nicht.

Der Beraterin kommt eine unterstützende Funktion zu. Anders als der Arzt hat sie nichts zu entscheiden (Woopen, Rummer 2009, S. 132) – weder über eine Indikation für therapeutische Maßnahmen oder Diagnostik, noch über das Vorliegen der Voraussetzungen für eine medizinische Indikation zum Schwangerschaftsabbruch gemäß § 218a Abs. 2 StGB; sie ist also – anders als der Arzt – in keinem Fall eine Autorität im Verhältnis zur schwangeren Frau. Die Beratung ist außerdem freiwillig; sie ist keine Voraussetzung für die medizinische Indikation (anders als die Pflichtberatung gemäß § 219 StGB, §§ 5ff. SchKG für einen indikationslosen Schwangerschaftsabbruch innerhalb der ersten zwölf Schwangerschaftswochen im Sinne des § 218a Abs. 1 StGB). Insofern ist es nicht unbedenklich und rechtlich nicht haltbar, wenn von Ärzten die Inanspruchnahme psychosozialer Beratung zur Voraussetzung für die medizinische Indikation gemacht wird.

Aufgrund des gesetzlich vorgegebenen Schlüssels von mindestens einer Beraterin in Vollzeitbeschäftigung oder einer entsprechenden Zahl von Teilzeitbeschäftigten je 40.000 Einwohner ist eine relative örtliche Nähe zwischen Beratungsstellen und jeweiligem Wohnsitz, unabhängig vom Sitz der ärztlichen Praxis, deutschlandweit gewährleistet. Insbesondere an Schwerpunktpraxen für Pränataldiagnostik oder Kliniken mit entsprechendem Schwerpunkt findet ein

Modell enger räumlicher Anbindung Anwendung. In diesen Formen enger Kooperation finden ärztliche Versorgung und psychosoziale Beratung unter demselben Dach, gleichwohl in getrennten Räumlichkeiten statt. Abhängig von der Art und Weise der Zusammenarbeit von Ärzten mit Psychosozialen Beratungsstellen kommt die schwangere Frau entweder auf persönliche Initiative oder aber sie wurde vom Arzt auf den Anspruch auf psychosoziale Beratung hingewiesen oder sogar an eine Psychosoziale Beratungsstelle vermittelt, indem für sie ein Termin vereinbart wurde oder aber sie bei enger räumlicher Anbindung dorthin begleitet wurde. Ein weiteres Modell ist, dass der Arzt etwa bei Mitteilung eines auffälligen pränatalen Befundes eine Psychosoziale Beraterin bereits zu dem Gespräch der Befundmitteilung hinzu bittet, um dann weitere Beratung durch die Beraterin anzubieten. Gegenüber diesem Modell bestehen gewisse Bedenken, weil hier ein Aspekt unberücksichtigt bleibt, der vielen schwangeren Frauen in dieser Situation wichtig ist: die (auch) räumliche Trennung zwischen Arzt und Psychosozialer Beraterin und der damit verbundene neutrale Raum, in dem psychosoziale Beratung stattfinden kann (Rohde, Woopen 2007, S. 46; Dewald, Cierpka 2001b, S. 156).

Für die psychosoziale Beratung muss ein Rahmen, in dem Beratung stattfinden kann, zunächst geschaffen werden. Hierzu gehört, dass Kompetenz ausgewiesen, Ungestörtheit hergestellt und eine Beratungssituation geschaffen wird, in der Persönliches zur Sprache kommen kann (Großmaß 2007, S. 487). Im Arzt-Patient-Verhältnis spielen diese Überlegungen eine untergeordnete Rolle: Sowohl Arzt als auch die Praxisräume sind der Patientin bereits bekannt; die Kompetenz des Arztes wird in der Regel nicht in Frage gestellt und auch die ärztliche Schweigepflicht, die Grundlage für ein offenes Gespräch ist, ist eine Selbstverständlichkeit[26].

Psychosoziale Beratung kann nicht auf solche Umstände zurückgreifen. Für den Übergang vom öffentlichen Raum zu einem abgegrenzten Raum, der Beratung erst ermöglicht, hat die Gestaltung der Räumlichkeiten eine hervorgehobene Bedeutung. Und auch schon die geografische Lage soll gewisse Ansprüche erfüllen. Die Beratungsstelle sollte leicht erreichbar sein. Die schwangere Frau sollte sich nicht schon am Hauseingang als Klientin der Beratungsstelle outen müssen;

---

26 Psychosoziale Beraterinnen an anerkannten allgemeinen Schwangeren- und Konfliktberatungsstellen im Sinne der §§ 3 und 8 SchKG unterliegen gemäß § 203 Abs. 1 Nr. 4a StGB ebenso wie Ärzte gemäß § 203 Abs. 1 Nr. 1 StGB der Schweigepflicht. Auch prozessrechtlich schlägt sich dies nieder: Gemäß § 53 Abs. 1 Nr. 3a StPO steht den Beraterinnen an anerkannten Beratungsstellen im Sinne der §§ 3 und 8 SchKG ein Zeugnisverweigerungsrecht zu, für Ärzte ergibt sich dies aus § 53 Abs. 1 Nr. 3 StPO.

idealerweise gehören die Einrichtungen des Hauses, in dem die Beratungsstelle untergebracht ist, zu den selbstverständlich genutzten Bereichen des öffentlichen Lebens. Der Eingangsbereich der Beratungsstelle sollte einladend-sachlich sein und eine räumliche Struktur aufweisen, in der ein schnelles Zurechtfinden möglich ist. Aus ihr sollte außerdem deutlich werden, dass Persönliches in geschützten Räumen besprochen wird. Damit sind nur einige der Vorgaben genannt, die eine Beratungsstelle erfüllen sollte, um ihre Klientel möglichst bereits über diesen Zugang für ein offenes Beratungsgespräch zu gewinnen (ausführlich Großmaß 2007, S. 491 ff. mit weiteren Nachweisen).

Im Zusammenhang mit Pränataldiagnostik und Schwangerschaftsabbruch bietet psychosoziale Beratung „Raum und Zeit" zum Nachdenken und für Emotionen (Lammert *et al.* 2002, S. 58 ff.; Hufendiek 2011a, S. 170) und trägt insofern zur Entschleunigung der Situation bei, die oftmals mit erheblichem Zeitdruck verbunden ist – entweder, weil weitere Untersuchungen nur innerhalb eines bestimmten Zeitfensters möglich sind oder etwa weil – wenn die Option Schwangerschaftsabbruch im Raum steht – jedes weitere Zuwarten die extrauterine Lebensfähigkeit des Fetus näher bringt.

### 4.2.3. Beratungsmethoden

Psychosozialer Beratung liegt ein wissenschaftlich fundiertes Handlungskonzept zugrunde. Hier werden problem-, klienten- und zielspezifische Methoden aus psychologischen, psychotherapeutischen und sozialpädagogischen Konzepten zusammengeführt (Dewald, Cierpka 2001a, S. 566; Kowalcek 2003, S. 1060; Lammert *et al.* 2002, S. 46; s.a. Deutsche Gesellschaft für Beratung 2003; Kowalcek, Huber, Gembruch 2003, S. 327; Sickendiek, Engel, Nestmann 2008, S. 135; Woopen, Rummer 2009, S. 133). Zu den angewandten Techniken werden etwa das Amplifizieren, das Unterbrechen von Handlungsketten, das Vereinfachen, das Konfrontieren, das Selbstaktivieren, das Modellieren, das Attribuieren, das Rückmelden und das Akzentuieren gezählt (Nestmann 2007 S. 785 ff. mit Erläuterungen zu den Techniken).

Im ersten Kontakt, nachdem der schwangeren Frau nach Pränataldiagnostik ein auffälliger Befund mitgeteilt wurde, erfolgt Beratung oft in Form einer Krisenintervention. Mit der Krisenintervention in der psychosozialen Beratung soll eine schnelle Hilfe zur Verfügung gestellt werden. Sie dient der Entlastung und einer ersten Orientierung und kann schon eine erste Bearbeitung der Krise ermöglichen (Schürmann 2007, S. 526). Bei weiteren Beratungsgesprächen geht es dann um Copingkonzepte, also den Einsatz von geeigneten Bewältigungsstrategien, um mit der Situation umzugehen (Schürmann 2007, S. 528, s.a. Zygowski 1998, S. 212 f.).

Nicht nur im Rahmen der Krisenintervention, sondern im gesamten Beratungsprozess liegt ein besonderer Schwerpunkt psychosozialer Beratung auf der Ressourcenarbeit (Deutsche Gesellschaft für Beratung 2003; Feldhaus-Plumin 2005, S. 90; Kuhn *et al.* 2008b, S. 18; Mayer-Lewis 2010, S. 28; Nestmann 2008, S. 16).

Psychosoziale Beratung erfolgt interdisziplinär. Kooperation und Vernetzung der Beratungsstellen mit anderen Berufsgruppen gehört deshalb – in einem weiten Sinne – zur notwendigen Methodik psychosozialer Beratung (vgl. Deutsche Gesellschaft für Beratung 2003; Deutscher Arbeitskreis für Jugend-, Ehe- und Familienberatung 2003). Und ebenso wie die ärztliche Beratung versteht sich auch die psychosoziale Beratung als ergebnisoffen, allgemeinverständlich und nichtdirektiv (Kuhn *et al.* 2008b, S. 18).

### 4.2.4. Beratungsziel und Beratungsinhalte

„Das Ziel psychosozialer Beratung ist die Vermittlung psychosozialer Kompetenz als Einheit von einerseits Reflexivität gegenüber den belastungsinduzierenden psychosozialen Widersprüchen und Ambivalenzen wie den eigenen ‚Abwehrprozessen' und andererseits Handlungsfertigkeit als Fähigkeit und Bereitschaft zur belastungsmindernden Handlungspraxis" (Zygowski 1998, S. 172).

Ausgehend von der Anlassbezogenheit von Beratungszielen ist das Ziel psychosozialer Beratung die Bearbeitung konkreter Belastungssituationen (Deutsche Gesellschaft für Beratung 2003; Lammert *et al.* 2002, S. 18). Im Zusammenhang mit Pränataldiagnostik und Schwangerschaftsabbruch heißt das konkret: die Herstellung von Handlungsfähigkeit und Entscheidungssicherheit der schwangeren Frau in Bezug auf bevorstehende Entscheidungen (BZgA 2010, S. 67 ff.; Feldhaus-Plumin 2005, S. 89; Kuhn *et al.* 2008b, S. 18 f.; Lammert *et al.* 2002, S. 48 f.; Mayer-Lewis 2010, S. 28, Wassermann, Rohde 2009, S. 84 ff.), sei es die Entscheidung über die Inanspruchnahme pränataler Diagnostik oder das Austragen oder Abbrechen der Schwangerschaft. Während Pränataldiagnostik, also während des Wartens auf den Befund einer Untersuchung, ist Ziel psychosozialer Beratung in erster Linie Entlastung (Kuhn *et al.* 2008b, S. 19; Mayer-Lewis 2010, S. 11). Nach Vorliegen des Untersuchungsergebnisses kann das Ziel der emotionalen Stabilisierung im Vordergrund stehen (Mayer-Lewis 2010,

S. 12), dem zum Beispiel durch Krisenintervention nachgekommen werden kann, um dann die durch die Schocksituation der Mitteilung eines auffälligen pränatalen Befundes eingeschränkte oder ausgesetzte Entscheidungsfähigkeit der schwangeren Frau wiederherzustellen.

An diesen Zielen richten sich die Inhalte psychosozialer Beratung aus. Immer wird die Reflexion Thema psychosozialer Beratung sein - je nach Anlass Reflexion persönlicher Ängste und Hoffnungen, von Handlungsoptionen, Zukunftsperspektiven und Lösungswegen (Mayer-Lewis 2010, S. 11 f.).

Im Sinne des Schaffens einer Entscheidungsgrundlage gehört zu den Beratungsinhalten auch die Information von Klientinnen. Für die psychosoziale Beratung im Rahmen der allgemeinen Schwangerenberatung gibt das schon § 2 SchKG vor, wonach der „Anspruch auf Beratung […] Informationen über […] Vorsorgeuntersuchungen bei Schwangerschaft […]" umfasst. Im Kontext von Pränataldiagnostik und Schwangerschaftsabbruch sind schwangere Frauen auch vom Arzt zu informieren; dieser Informationsanspruch ist dabei nicht auf medizinische Aspekte beschränkt. Gleichwohl grenzt sich psychosoziale Beratung von der medizinischen Informationsvermittlung als andere professionelle Interventionsform ausdrücklich ab (Deutsche Gesellschaft für Beratung 2003; s.a. Kuhn *et al.* 2008b, S. 18): Nicht selten kommt es vor, dass es bei psychosozialer Beratung nicht darum geht, Informationslücken zu schließen, sondern dass schwangere Frauen vielmehr bereits eine Fülle von Informationen erhalten haben, die sie nicht zu ordnen und zu verarbeiten in der Lage sind. Der hier greifende Ansatz psychosozialer Beratung wird „Informationsbalance" genannt: Die Beratung soll helfen, neue Informationen zu ordnen, zu gewichten und zu werten. Hier geht es darum, die Informationen kognitiv, aber auch emotional einzubetten, indem die Informationen in existierende Wissensbestände und vorhandene Einstellungsmuster integriert werden (vgl. Nestmann 2008, S. 8; s.a. Ackermann 2005, S. 278, die den Begriff der „Bewusstseinsarbeit" verwendet). Damit geht die Arbeit Psychosozialer Beraterinnen über die reine Vermittlung von Informationen hinaus.

Wenn es um die Herstellung von Entscheidungssicherheit geht, hat psychosoziale Beratung ein häufig auftretendes Phänomen zu beachten, dass nämlich der Entscheidung zugrunde zulegende Informationen im Kontext von Pränataldiagnostik und Schwangerschaftsabbruch nicht eindeutig und mit Unsicherheiten belastet sind - so etwa, wenn ein auffälliger pränataler Befund auf ein erhöhtes Risiko für das Vorliegen einer bestimmten Erkrankung hindeutet, ohne dass eine

Diagnose vorliegt, oder aber wenn es um die Entscheidung geht, eine Untersuchung vorzunehmen oder abzulehnen, die ein solches Ergebnis erwarten lässt. In solchen Fällen soll psychosoziale Beratung mit dem „Konzept der positiven Nichtsicherheit" weiterhelfen. Nach diesem Konzept sollen Reflexions- und Handlungsfähigkeit trotz bestehender Unsicherheiten erhalten werden, indem vor allem der Intuition bei der Entscheidungsfindung Gehör verschafft wird. Das bedeutet eine Abkehr von rein rationalen Entscheidungen und fordert, die Emotionalität bewusst in den Prozess von Entscheidungen einzubeziehen (Nestmann 2008, S. 10 f.).

Weiterer Inhalt psychosozialer Beratung ist die Hilfe zur Bewältigung der durch bevorstehende oder abgeschlossene Pränataldiagnostik entstandenen Situation. Hilfe bei der Problembewältigung ist eine präventive Aufgabe, die dazu dient, die Notwendigkeit kurativer und wiederherstellender Maßnahmen zu vermeiden (Nestmann 2008, S. 14).

Neben der Informationsvermittlung und -verarbeitung sowie der Bewältigungsarbeit werden weitere Inhalte psychosozialer Beratung unter die Kategorien Anregung zur biografischen Arbeit, Beziehungs- und Gefühlsarbeit gefasst (ausführlich Ackermann 2005, S. 271 ff. und 480 ff.). Entsprechend weit gefächert sind die möglichen Themenbereiche, die psychosoziale Beratung abdeckt. So kann es bei einer Beratung vor Pränataldiagnostik zum Beispiel um die persönlichen Erwartungen an bevorstehende Untersuchungen, um Alternativen zur Pränataldiagnostik, um mögliche Konsequenzen eines auffälligen Befundes, um die Erwartungen an das Kind und um Vorerfahrungen gehen; bei einer Beratung während der Wartezeit auf ein Untersuchungsergebnis um den Umgang mit Ängsten, um das Erleben der bisherigen Schwangerschaft, um Ängste vor Behinderung, um den Umgang mit einem auffälligen Befund, auch um religiöse und ethische Fragen und die Paardynamik. Bei Vorliegen eines auffälligen Befundes sind häufige Themen psychosozialer Beratung die Gefühle der schwangeren Frau, die Erarbeitung von Zukunftsperspektiven, Reflexion von Ressourcen, die Perspektive des ungeborenen Kindes, die Rolle des Partners, Schuldfragen und auch Reaktionen aus dem familiären und dem weiteren sozialen Umfeld (Wassermann, Rohde 2009, S. 83 ff.).

Das Ziel psychosozialer Beratung ist dann erreicht, wenn die Klientin Entscheidungen und Problembewältigungswege gefunden hat, die sie bewusst und eigenverantwortlich in ihren Bezügen umsetzen kann (Deutsche Gesellschaft für Beratung 2003). Ziel psychosozialer Beratung im Kontext von Pränataldiagnostik und Schwangerschaftsabbruch ist dagegen *nicht* ein inhaltliches Ziel wie die

Entscheidung für das Austragen der Schwangerschaft oder allgemein Verringerung von Spätabbrüchen.

## 4.2.5. Beratungskompetenzen

Im Sinne des Konzepts der „Doppelverortung" von Beratung (Engel, Nestmann, Sickendiek 2007, S. 34 ff., s.a. Deutsche Gesellschaft für Beratung 2003) erfordert Beratung als Interaktionsform von der beratenden Person sowohl feldunabhängige Beratungskompetenz als auch Fachwissen[27].

Der Erwerb feldunabhängiger Beratungskompetenz gehört zur Aus- und Weiterbildung professioneller Beratungsfachkräfte. Dazu gehört nach dem Selbstverständnis psychosozialer Beratung standardmäßig (vgl. Deutsche Gesellschaft für Beratung 2003):
- die Vermittlung von Theorie und Methodik von kontextgebundener Einzel- und Gruppenberatung[28], differentielle Diagnostik, Entwicklungs- und Hilfeplanung und Verfahren der Qualitätsentwicklung und Qualitätssicherung; die dokumentierte, eigenständig durchgeführte Beratungspraxis, die konzeptgebunden (selbst-) evaluiert wird;
- die dokumentierte und (selbst-)evaluierte Praxis von Vernetzung und Kooperation beziehungsweise Teamteilnahme in interdisziplinären Zusammenhängen und in Beratungseinrichtungen / Institutionen;
- Praxisreflexion / Supervision (einzeln und in Gruppen);
- kollegial gestaltete Supervision;
- Persönlichkeitsbildung (einzeln und in der Gruppen);
- Selbst- und Fremdwahrnehmung (Selbsterfahrung und -reflexion).

Voraussetzung für die Tätigkeit als Beraterin ist in der Regel ein Universitäts- oder Fachhochschulabschluss, wobei Ausnahmeregelungen für Fachkräfte mit einschlägigen Berufserfahrungen durch Zulassungsprüfungen nach einem festgelegten Kriterienkatalog möglich sind. Einschlägige Studiengänge sind zum Beispiel Sozialpädagogik / Soziale Arbeit, Pädagogik, Psychologie, Medizin (BZgA 2010, S. 120; Deutsche Gesellschaft für Beratung 2010, Ziff. 1.1; Kuhn et al. 2008b, S. 19; Lammert et al. 2002, S. 70). Außerdem ist die gesonderte Feststellung der persönlichen Eignung für die Beratungstätigkeit notwendig.

---

27 Vgl. oben, 4.1.5. Beratungskompetenzen (Ärzte).
28 Dazu gehören unter anderem kommunikative und problemlösungsorientierte Kompetenzen (vgl. Deutsche Gesellschaft für Beratung 2003).

Das für die Beratung erforderliche Fachwissen kann durch die Beraterin selbst, aber auch durch interdisziplinäre Kooperation mit den einschlägigen Fachkreisen eingebracht werden (Deutsche Gesellschaft für Beratung 2003). Bei psychosozialer Beratung im Zusammenhang mit Pränataldiagnostik und Schwangerschaftsabbruch gehört es zum Selbstverständnis der Beratung, dass die Beraterinnen selbst das entsprechende Expertenwissen durch den Besuch von Fortbildungen erwerben (Mayer-Lewis 2010, S. 21 f.). Von verschiedenen Wohlfahrtsverbänden werden spezielle Fortbildungen zur Beratung im Zusammenhang mit Pränataldiagnostik angeboten (Kuhn *et al.* 2008b, S. 19).

Zur Beratungskompetenz professioneller Beraterinnen gehört auch, dass persönliche Erfahrungen und subjektive Ansichten *von Beraterinnen* reflektiert werden. Im Sinne der Qualitätssicherung gehört daher zu den von Beraterinnen vorzuweisenden Kompetenzen, dass sie mit Techniken der Supervision und Selbstevaluation vertraut sind und diese regelmäßig praktizieren. Ferner besteht die Verpflichtung zu regelmäßiger Fort- und Weiterbildung (vgl. Deutsche Gesellschaft für Beratung 2003; Deutscher Arbeitskreis für Jugend-, Ehe- und Familienberatung 2003). Themen der Weiterbildung sind unter anderem Persönlichkeitsbildung, Selbsterfahrung, Theorie (zu bestimmten Bereichen der Philosophie, zum Verstehen und Erklären von Prozessen, Strukturen und Hintergründen der Geschehnisse und Erfahrungen, sog. Interpretationsfolien, sowie zur Theorie beraterischen Handelns), Methodik der Beratung, Problemanalyse, Evaluation des Beratungsprozesses und Reflexion der eigenen Beratungspraxis (Deutsche Gesellschaft für Beratung 2010, Ziff. 2).

## 5. Gesetzliche und untergesetzliche Grundlagen

Unabhängig davon, dass es keine konsentierte Definition von „Beratung" gibt, gelten verschiedene gesetzliche Vorgaben, die Beratungsinhalte und Qualifikation der Beratenden für den speziellen Bereich ärztlicher und psychosozialer Beratung im Zusammenhang mit Pränataldiagnostik regeln.

### 5.1. Gesetzliche und untergesetzliche Grundlagen ärztlicher Beratung

#### 5.1.1. § 218c Nr. 2 StGB - Beratungspflicht bei Schwangerschaftsabbruch

Die einzige im Strafgesetzbuch verortete gesetzliche Beratungsregelung, die mit Schwangerschaftsabbruch und (im weitesten Sinne) mit Pränataldiagnostik im Zusammenhang zu sehen ist, statuiert § 218c Nr. 2 StGB. Verletzungen der besonderen, im Zusammenhang mit dem Schwangerschaftsabbruch stehenden ärztlichen Pflichten stehen gemäß § 218c Abs. 1 StGB unter Strafe:

> „Wer eine Schwangerschaft abbricht,
> [...]
> 2. ohne die Schwangere über die Bedeutung des Eingriffs, insbesondere über Ablauf, Folgen, Risiken, mögliche physische und psychische Auswirkungen ärztlich beraten zu haben, [...]
> wird mit Freiheitsstrafe bis zu einem Jahr oder Geldstrafe bestraft, wenn die Tat nicht in § 218 mit Strafe bedroht ist."

Die Verletzung dieser Pflichten ist aufgrund der in § 218c Abs. 1 StGB angeordneten Subsidiarität gegenüber § 218 StGB nur dann strafbar, wenn ein nach § 218a Abs. 1 StGB tatbestandsloser oder aber nach § 218a Abs. 2 oder 3 StGB gerechtfertigter Schwangerschaftsabbruch erfolgt ist.

Bis zur Änderung des SchKG und Erlass des GenDG Anfang 2010 enthielt § 218c Nr. 2 StGB im Zusammenhang mit der medizinischen Indikation das einzige gesetzlich vorgeschriebene Beratungsgespräch. Für eine Beratung im Zusammenhang mit Pränataldiagnostik kommt dieses Beratungsgespräch allerdings denkbar spät, schließlich ist hier die Entscheidung zum Schwangerschaftsabbruch bereits gefallen. Eine Beratungspflicht für Frauen etabliert diese Regelung übrigens nicht: Die Einhaltung der ärztlichen Beratungspflicht des § 218c StGB ist nicht Voraussetzung für einen gemäß § 218a Abs. 2 oder Abs. 3 StGB gerechtfertigten oder nach der Beratungsregelung des § 218a Abs. 1 StGB straffreien Schwangerschaftsabbruch.

### 5.1.2. § 2a SchKG - Beratung in besonderen Fällen

Mit dem am 13. Mai 2009 verabschiedeten und am 1. Januar 2010 in Kraft getretenen Gesetz zur Änderung des SchKG hat der Gesetzgeber in § 2a SchKG erstmals eine ärztliche Beratungspflicht im Kontext von Pränataldiagnostik implementiert.

Die Beratungspflicht gilt laut amtlichem Titel der Norm „in besonderen Fällen". Die „Besonderheit" der Fälle bezieht sich auf Pränataldiagnostik: Ziel der Gesetzesänderung ist es, die Aufklärungs- und Beratungssituation von schwangeren Frauen und ihren Partnern zu verbessern, denen ein auffälliger fetaler Befund mitgeteilt wird.

Den Arzt treffen seit dem 1. Januar 2010 nach § 2a Abs. 1 SchKG verschiedene Pflichten, sofern er der schwangeren Frau einen auffälligen pränatalen Befund mitteilt. Anstelle des hier verwendeten, verkürzenden Begriffes „auffälliger Befund" lautet die Formulierung des Gesetzgebers: „Sprechen nach den Ergebnissen von pränataldiagnostischen Maßnahmen dringende Gründe für die Annahme, dass die körperliche oder geistige Gesundheit des Kindes geschädigt ist [...]".

Bei Mitteilung eines solchen fetalen Befundes hat der Arzt die schwangere Frau in verständlicher Form und ergebnisoffen über medizinische und psychosoziale Aspekte und Möglichkeiten der Unterstützung zu beraten.

Im Rahmen dieser Beratung hat er ihr Informationsmaterial der Bundeszentrale für gesundheitliche Aufklärung [BZgA] auszuhändigen, das von der BZgA an Frauenärzte, Pränataldiagnostiker und Humangenetiker abgegeben wird. Das Informationsmaterial wurde im Zuge der Änderung des SchKG neu gefasst und enthält Informationen zum Leben mit einem geistig oder körperlich behinderten Kind, dem Leben von Menschen mit einer geistigen oder körperlichen Behinderung, den Hinweis auf den Rechtsanspruch der schwangeren Frau auf psychosoziale Beratung sowie den Hinweis auf Kontaktadressen von Selbsthilfegruppen, Beratungsstellen, Behindertenverbänden und Verbänden von Eltern behinderter Kinder.

Zur ärztlichen Beratung sollen Kollegen hinzugezogen werden, die mit der Gesundheitsschädigung bei geborenen Kindern Erfahrung haben oder auf die Betreuung oder Behandlung der kindlichen Gesundheitsschädigung spezialisiert sind. Das können zum Beispiel Pädiater, Neonatologen oder auch Humangenetiker sein.

Die schwangere Frau ist zudem über ihren Anspruch auf psychosoziale Beratung nach § 2 SchKG hinzuweisen. Diese Vorschrift bezweckt, dass die schwangere

Frau von ihrem Anspruch auf psychosoziale Beratung tatsächlich erlangt. Die psychosoziale Beratung umfasst unter anderem gemäß § 2 Abs. 2 Nrn. 3, 5 und 7 SchKG Informationen über Vorsorgeuntersuchungen in der Schwangerschaft, über die Hilfsmöglichkeiten für behinderte Menschen und ihre Familien, die vor und nach der Geburt eines in seiner körperlichen, geistigen oder seelischen Gesundheit geschädigten Kindes zur Verfügung stehen sowie Lösungsmöglichkeiten für psychosoziale Konflikte im Zusammenhang mit einer Schwangerschaft.

Über den bloßen Hinweis hinaus hat der die Diagnose mitteilende Arzt den Kontakt zu einer Psychosozialen Beratungsstelle, Behindertenverbänden und Selbsthilfegruppen zu vermitteln.

Ziel der Vermittlungspflicht des § 2a SchKG ist es, dass sich die psychosoziale Beratung zusammen mit der ärztlichen Versorgung als selbstverständlicher und integrativer Bestandteil der Betreuung von schwangeren Frauen im Kontext von Pränataldiagnostik und nicht nur vor dem Hintergrund einer medizinischen Indikation etabliert (BT Drs. 16/12970, S. 24). Der Gesetzgeber wollte die „wichtige Kooperation zwischen Ärzteschaft und psychosozialer Beratung sowie die Vernetzung der ärztlichen und psychosozialen Beratung" fördern und so gewährleisten, dass schwangere Frauen zu einer psychosozialen Beratungsstelle Zugang erhalten (BT Drs. 16/12790 S. 25). Von der Möglichkeit, Rahmenbedingungen für verbindliche Netzwerkstrukturen zwischen diesen beiden Professionen zu schaffen, hat der Gesetzgeber keinen Gebrauch gemacht.

> Mit dem Bundeskinderschutzgesetz[29] hat der Gesetzgeber verbindliche Vorgaben für Netzwerk und Kooperation geschaffen. Für den Bereich Kinderschutz hat er den Aufbau und die Weiterentwicklung flächendeckend verbindlicher Strukturen der Zusammenarbeit der zuständigen Leistungsträger und Institutionen im Kinderschutz angeordnet. In das Netzwerk sollen verschiedene öffentliche Institutionen, insbesondere Einrichtungen und Dienste der öffentlichen und freien Jugendhilfe, daneben auch psychosoziale Beratungsstellen im Sinne des SchKG einbezogen werden, außerdem Angehörige der Heilberufe. Die Organisation der verbindlichen Zusammenarbeit im Kinderschutz als Netzwerk obliegt dem örtlichen Träger der Jugendhilfe. Die Grundsätze für eine verbindliche Zusammenarbeit sind in Vereinbarungen festzulegen. Neben dieser verbindlichen Aufforderung zur Einrichtung von Netzwerken zum Kinderschutz enthält das Gesetz datenschutzrechtliche Vorgaben zur Weitergabe von Informationen an das Jugendamt, wenn eine der zur Netzwerkarbeit aufgerufenen

---

29 Siehe Artikel 1 Bundeskinderschutzgesetz, § 3 Gesetz zur Kooperation und Information im Kinderschutz vom 22.12.2011, BGBl. I 2011 S. 2975.

Institutionen Informationen erhält, die auf eine Kindeswohlgefährdung hindeuten (Wapler 2012).
Dieses Gesetz gilt ausschließlich für den Schutz geborener Kinder. Bereits während der Schwangerschaft kann dieses Gesetz gegebenenfalls dann Anwendung finden, wenn absehbar ist, dass dem Kind unmittelbar nach seiner Geburt Gefahren drohen (Wapler 2012). Allerdings ist es mit gesetzlichen Vorgaben auch in dieser Konkretisierung nicht getan. Nach einem Jahr Geltung dieser Vorgaben wurde festgestellt, dass die Vernetzung noch erheblichen Verbesserungsbedarf habe. Gefordert wird insbesondere ein strukturiertes Management zur Optimierung der Zusammenarbeit aller Beteiligten (Windhorst in DÄBl. 2013).

Um das Konzept, das einer Verbesserung der Beratungssituation schwangerer Frauen (und ihrer Partner) dienen soll, nicht leerlaufen zu lassen, genügt es nicht, wenn Ärzte schwangeren Frauen lediglich Informationsmaterial mit Kontaktadressen überlassen. Das ist nach dem Willen des Gesetzgebers lediglich im Ausnahmefall zulässig (vgl. BT Drs. 16/12970, S. 24). Vermittlung bedeutet vielmehr zumindest die Benennung konkreter Kontaktadressen. Idealerweise wird auch die unmittelbare Vermittlung eines Termins durch den Arzt erfolgen, um zu ermöglichen, dass die schwangere Frau gegebenenfalls noch in der akuten Schocksituation eine erste psychosoziale Beratung in Anspruch nehmen kann. In Modellprojekten wurde von betroffenen Frauen eine solche - auch räumlich - enge Zusammenarbeit von Ärzten mit Psychosozialen Beratungsstellen als besonders hilfreich erlebt (Rohde, Woopen, 2007).

Dem indikationsstellenden Arzt, der das Vorliegen der Voraussetzungen eines medizinisch indizierten Schwangerschaftsabbruchs schriftlich festzustellen hat, obliegen die Hinweis- und Vermittlungspflichten immer dann, wenn nicht bereits anlässlich der Mitteilung eines auffälligen fetalen Befundes die interdisziplinäre Beratung und Vermittlung vorangegangen ist. Unabhängig vom Vorliegen eines pränataldiagnostischen Befundes, mithin in jedem Fall einer infrage kommenden Indikationsstellung im Sinne des § 218a Abs. 2 StGB, treffen ihn nach § 2a Abs. 2 SchKG folgende weitere Pflichten:
Er hat die schwangere Frau über medizinische und psychische Aspekte eines Schwangerschaftsabbruchs zu beraten. Vom Tag der Mitteilung der Diagnose und Beratung im Sinne des § 2a Abs. 1 SchKG oder der Beratung nach § 2a Abs. 2 Satz 1 SchKG an bis zur schriftlichen Feststellung der Indikation hat er eine mindestens dreitägige Bedenkzeit einzuhalten. Die Bedenkzeit ist nicht ein-

zuhalten, wenn eine gegenwärtige erhebliche Gefahr für Leib oder Leben der schwangeren Frau besteht. Frühestens nach Ablauf dieser mindestens dreitägigen Bedenkzeit hat der Arzt eine schriftliche Bestätigung der schwangeren Frau einzuholen: entweder über die Beratung und Vermittlung nach § 2a Abs. 1 und 2 SchKG oder über den Verzicht der schwangeren Frau auf Beratung und Vermittlung[30].

Verstöße gegen die neue Beratungspflicht des diagnosemitteilenden sowie des indikationsstellenden Arztes sowie ein Verstoß gegen die Einhaltung der Bedenkzeit des indikationsstellenden Arztes stellen Ordnungswidrigkeiten dar, die mit einer Geldbuße von bis zu 5.000 EUR geahndet werden können.

### 5.1.3. Mutterschafts-Richtlinien des G-BA

Die Vorgaben des § 2a SchKG haben auf untergesetzlicher Ebene in die Mutterschafts-Richtlinien des G-BA Eingang gefunden. Über ein Jahr nach Inkrafttreten des § 2a Abs. 1 SchKG wurde dessen Wortlaut übernommen. Das allerdings nicht an der Stelle, an der ein solcher Hinweis zu erwarten wäre, nämlich in Abschnitt A („Untersuchungen und Beratungen sowie sonstige Maßnahmen während der Schwangerschaft") – neben den bereits vorhandenen Hinweis auf den Rechtsanspruch der schwangeren Frau auf Beratung aus § 2 SchKG. Der Wortlaut des § 2a SchKG findet sich stattdessen im Zusammenhang mit den in Anlage 1c zu Abschnitt B Nr. 4 der Mutterschafts-Richtlinien geregelten weiteren Ultraschall-Untersuchungen zur Abklärung und/oder Überwachung von pathologischen Befunden und bei Vorliegen bestimmter Indikationen, die nicht mehr Bestandteil des Ultraschallscreening sind (G-BA 2013). Dieser Regelungsort könnte zu dem Schluss verführen, dass die Beratungspflichten aus § 2a SchKG nur für die in diesem Abschnitt gelisteten Untersuchungen einschlägig seien. Das ist allerdings verfehlt, handelt es sich doch um Pflichten, die unabhängig von der Art der Untersuchung für jeden auffälligen Befund gelten.

Ferner wurde an gleicher Stelle ein allgemeiner Hinweis auf das GenDG aufgenommen. Insbesondere im Zusammenhang mit der „Strukturellen Anpassung des Ultraschallscreening in der Schwangerenvorsorge" (G-BA 2013) ist dies eine Minimallösung.

---

30 Bei der Fristberechnung wird zur Berechnung des Fristbeginns der Tag, in den das Ereignis fällt, nicht mitgezählt; die Frist endet mit Ablauf des dritten darauffolgenden Tages; §§ 187, 188 Bürgerliches Gesetzbuch [BGB].

Die zweite Stufe des Ultraschallscreenings im zweiten Trimenon, die „Sonografie mit Biometrie und systematischer Untersuchung der fetalen Morphologie durch einen besonders qualifizierten Untersucher" beinhaltet die umfassende Beurteilung der fetalen Strukturen. Angesichts des festgelegten Untersuchungsumfangs liegt nah, dass bei dieser Untersuchung (auch) chromosomal verursachte Auffälligkeiten entdeckt werden. Geht es nach dem G-BA, soll es sich bei solchen Befunden allerdings um „Zufallsfunde" handeln (G-BA 2013). Eine Beratung nach dem GenDG soll explizit nicht erfolgen müssen (anderer Ansicht Rummer, DHZ 2011).

### 5.1.4. Genetische Beratung im Sinne des GenDG

In eine ähnliche Richtung wie die Regelung des § 2a SchKG zielen die Regelungen des GenDG, das am 24. April 2009 beschlossen wurde und am 1. Februar 2010 in Kraft getreten ist.

Das GenDG regelt den Umgang mit den aus dem menschlichen Genom zu medizinischen und Forschungszwecken gewonnenen Informationen. Die genetische Untersuchung während der Schwangerschaft ist gemäß § 2 Abs. 1 GenDG in den Anwendungsbereich des Gesetzes einbezogen. Der Begriff der genetischen Untersuchung im Sinne des GenDG ist nicht abschließend geklärt. Sicher ist, dass hierunter invasive Untersuchungsmethoden wie Fruchtwasseruntersuchung (Amniozentese), die Untersuchung an Chorionzotten oder an fetalem Nabelschnurblut fallen. Auch die vorgeburtliche Risikoabklärung wird als genetische Untersuchung im Sinne des GenDG verstanden (§ 3 Nr. 1 GenDG), das heißt Untersuchungen, die Wahrscheinlichkeitsangaben zulassen, ob bei dem Embryo oder Fetus bestimmte genetische Eigenschaften vorliegen wie das Erst-Trimester-Screening oder die Ultraschallbestimmung der Nackentransparenz[31]. Ob aber auch der sogenannte große Ultraschall darunter fällt, der etwa in der 20. Schwangerschaftswoche durchgeführt wird, ist unklar. Gleiches gilt für die nach den Mutterschafts-Richtlinien (G-BA 2013) vorgesehene „Sonografie mit Biometrie und systematischer Beurteilung der fetalen Morphologie" im Rahmen des Ultraschallscreenings.

> Die am Robert-Koch-Institut eingerichtete GEKO hat die Chance verstreichen lassen, sich hierzu in ihrer „Richtlinie über die Anforderungen an die Qualifikation zur genetischen Beratung nach § 7 Abs. 3 und an die Inhalte der genetischen Beratung" (GEKO 2011 b) zu erklären. In Ziff. IV.3. der Richtlinie definiert die GEKO den Anwendungsbereich der Richtlinie. Danach zählen zu den

---

31 In der Gesetzesbegründung zu § 15 GenDG werden (noch) die Begriffe „Triple-Test" und „Nackenfalte" gebraucht (BT Drs.16/10532, S. 32).

genetischen Untersuchungen alle invasiven vorgeburtlichen Untersuchungsmethoden, deren Ziel die Abklärung genetischer Eigenschaften des Fetus aus Amnionzellen, Chorionzotten oder Blut ist (Amniozentese, Chorionzottenbiopsie und Herz- beziehungsweise Nabelschnurpunktion). Unter die vorgeburtliche Risikoabklärung werden insbesondere Serum- und gezielte Ultraschalluntersuchungen gefasst. Was unter „gezielten Ultraschalluntersuchungen" zu verstehen ist, wird nicht weiter ausgeführt.

Vorgaben für die genetische Beratung im Sinne des GenDG finden sich in den §§ 10, 15 GenDG.

#### 5.1.4.1. „Genetische Beratung" gemäß §§ 10, 15 GenDG

§ 15 Abs. 3 GenDG sieht eine verpflichtende ärztliche „genetische Beratung" für eine diagnostische vorgeburtliche genetische Untersuchung einschließlich der vorgeburtlichen Risikoabklärung vor, die vor und nach Durchführung der Pränataldiagnostik durch einen „für genetische Beratung qualifizierten Arzt" zu erfolgen hat.

Der genetischen Beratung vorgeschaltet ist die in § 9 GenDG geregelte ärztliche Aufklärung, die als Grundlage für die Ausübung des Selbstbestimmungsrechtes und einer wirksamen Einwilligung in die vorgeburtliche Untersuchung verstanden wird. Die ärztliche Aufklärung hat durch die verantwortliche ärztliche Person zu erfolgen. Das ist die Person, die die genetische Untersuchung durchführt. Nach der Aufklärung ist eine „angemessene", im Einzelfall zu bestimmende Bedenkzeit bis zur Entscheidung über die Einwilligung in die Untersuchung durch die schwangere Frau einzuhalten (§ 9 Abs. 1 GenDG). Inhaltlich umfasst die ärztliche Aufklärung die medizinischen Aspekte der Untersuchung sowie die zu erwartenden Ergebnisse und deren Konsequenzen. Abgesichert wird die Aufklärungsregelung mit einer Strafandrohung: Mit Freiheitsstrafe bis zu einem Jahr oder mit Geldstrafe wird gemäß § 25 GenDG bestraft, wer eine vorgeburtliche Untersuchung ohne die erforderliche Einwilligung in die Untersuchung durch die schwangere Frau vornimmt. Die Tat wird auf Antrag der schwangeren Frau verfolgt.

Zusätzlich verpflichtet § 15 Abs. 2 GenDG den verantwortlichen Arzt, die schwangere Frau auf ihren Rechtsanspruch der Inanspruchnahme einer unabhängigen qualifizierten Beratung nach § 2 SchKG hinzuweisen, der unter anderem Beratung zu Vorsorgeuntersuchungen in der Schwangerschaft, Lösungsmöglichkeiten für psychosoziale Konflikte im Zusammenhang mit einer Schwangerschaft sowie Beratung zu Hilfen für behinderte Menschen und ihre Familien umfasst, die vor und nach der Geburt eines in seiner körperlichen, geistigen oder seelischen Gesundheit geschädigten Kindes zur Verfügung stehen. Damit soll den besonderen Anforderungen an die genetische Beratung für den Schutz des Fetus und der schwangeren Frau im Hinblick auf mögliche Ergebnisse der vorgeburtlichen genetischen Untersuchung Rechnung getragen werden. Eine Verpflichtung der schwangeren Frau zur Wahrnehmung dieses Beratungsangebotes enthält das GenDG nicht.

Die genetische Beratung gilt nach dem Willen des Gesetzgebers als eigene ärztliche Leistung und ist daher von der ärztlichen Aufklärung über die genetische Untersuchung zu trennen. Die genetische Beratung geht über die Vermittlung von Informationen hinaus. Sie hat explizit in allgemeinverständlicher Form und ergebnisoffen zu erfolgen. In die Beratung mit einzubeziehen sind „insbesondere mögliche psychische und soziale Fragen im Zusammenhang mit einer Vornahme oder Nichtvornahme der genetischen Untersuchung und ihren vorliegenden oder möglichen Untersuchungsergebnissen". Möglichkeiten zur Unterstützung bei physischen und psychischen Belastungen der betroffenen Person durch die pränatale Untersuchung und ihr Ergebnis sind ebenfalls zu berücksichtigen. Ferner bietet das GenDG die Möglichkeit, eine weitere sachverständige Person zur Beratung hinzuzuziehen.

Nach der Beratung ist nach § 10 Abs. 2 GenDG eine „angemessene", im Einzelfall zu bestimmende Bedenkzeit bis zur Vornahme der Untersuchung einzuhalten.

Für die genetische Beratung gilt gemäß § 7 Abs. 3 GenDG (ebenso wie für die genetische Untersuchung) ein Arztvorbehalt. Entsprechend der Begründung des Gesetzgebers darf jeder Arzt im jeweiligen Fachgebiet beraten, zu dessen Ausbildungsinhalten nach der jeweiligen für ihn geltenden Weiterbildungsordnung Kenntnisse über erbliche Krankheiten gehören (BT-Drs. 16/10532 S. 25).

> Nur Ärzte, Fachärzte für Humangenetik oder andere Ärzte, die sich beim Erwerb einer Facharzt-, Schwerpunkt- oder Zusatzbezeichnung für genetische Untersuchungen im Rahmen ihres Fachgebietes qualifiziert haben (dazu gehören beispielsweise Gynäkologen) und sich für *genetische Beratung im Sinne des GenDG qualifiziert haben*, dürfen nach dem GenDG genetisch beraten. Genetische Beratungen sind vorgeschrieben für diagnostische genetische Untersuchungen[32] (§ 10 Abs. 1 GenDG), prädiktive genetische Untersuchungen[33]

---

[32] Eine genetische Untersuchung ist nach der Legaldefinition des § 3 Nr. 1 GenDG eine auf den Untersuchungszweck gerichtete genetische Analyse zur Feststellung genetischer Eigenschaften oder vorgeburtliche Risikoabklärung einschließlich der Beurteilung der jeweiligen Ergebnisse. Eine diagnostische genetische Untersuchung ist eine genetische Untersuchung mit dem Ziel der Abklärung einer bereits bestehenden Erkrankung oder gesundheitlichen Störung; der Abklärung, ob genetische Eigenschaften vorliegen, die zusammen mit der Einwirkung bestimmter äußerer Faktoren oder Fremdstoffe eine Erkrankung oder gesundheitliche Störung auslösen können; der Abklärung, ob genetische Eigenschaften vorliegen, die die Wirkung

(§ 10 Abs. 2 GenDG) und vorgeburtliche genetische Untersuchungen einschließlich der vorgeburtlichen Risikoabklärung[34] (§ 15 Abs. 3 GenDG in Verbindung mit § 10 Abs. 2 und Abs. 3 GenDG). Damit wurde ein gesetzlicher Beratungsbedarf erheblichen Umfangs geschaffen, den es zu bewältigen gilt[35]. Pikant an dieser Regelung war schon die Zeitvorgabe des Gesetzgebers: Aufgrund des Erfordernisses einer - neben dem ärztlichen Berufsalltag - neu zu erwerbenden Qualifikation trat § 7 Abs. 3 GenDG zwei Jahre nach Inkrafttreten des Gesetzes am 1. Februar 2010, also am 1. Februar 2012 in Kraft. Die Zeitspanne von nur zwei Jahren für die Einrichtung der GEKO, die Berufung der Mitglieder, den Erlass einer Richtlinie, die Vorgaben für eine Qualifikation und die Umsetzung dieser Vorgaben in der Praxis, damit der geschaffene Beratungsbedarf auch gedeckt werden kann, dürfte zumindest als mutig bezeichnet werden. Als von vorneherein aussichtslos galt es, dass dieser Beratungsbedarf durch die Fachärzte für Humangenetik und Ärzte mit der Zusatzbezeichnung „Medizinische Genetik" gedeckt werden könnte (Henn 2010, S. 17; Hagemann 2010, S. 150) – davon sind in Deutschland 524 tätig[36]; im Jahr 2004 lag die Zahl genetischer Analysen bei über 300.000 (Eberbach 2010, S. 162). Die Situation dürfte sich noch verschärfen, wenn der mütterliche Bluttest auf Down-Syndrom des Fetus (Chiu 2011; Greely 2011, S. 289; Stumm et al. 2011) Einzug in die gynäkologischen Praxen hält.

Für die schwangere Frau ist die Inanspruchnahme der ärztlichen Beratung nicht verpflichtend; entscheidend ist, dass ihr ein entsprechendes Angebot gemacht wurde. Der Verzicht auf die ärztliche Beratung hat gemäß § 10 Abs. 2 GenDG schriftlich nach vorheriger schriftlicher Information über die Beratungsinhalte zu erfolgen. Die Ablehnung der ärztlichen Beratung soll dabei ein Ausnahmefall sein (BT-Drs. 16/10532 S. 28).

---

eines Arzneimittels beeinflussen können oder der Abklärung, ob genetische Eigenschaften vorliegen, die den Eintritt einer möglichen Erkrankung oder gesundheitlichen Störung ganz oder teilweise verhindern können (§ 3 Nr. 7 GenDG).
33 § 3 Nr. 8 GenDG definiert eine prädiktive genetische Untersuchung als eine genetische Untersuchung im Sinne des § 3 Nr. 1 GenDG mit dem Ziel der Abklärung einer erst zukünftig auftretenden Erkrankung oder gesundheitlichen Störung oder einer Anlageträgerschaft für Erkrankungen oder gesundheitliche Störungen bei Nachkommen.
34 Eine vorgeburtliche Risikoabklärung ist eine Untersuchung des Embryos oder Fetus, mit der die Wahrscheinlichkeit für das Vorliegen bestimmter genetischer Eigenschaften mit Bedeutung für eine Erkrankung oder gesundheitliche Störung des Embryos oder Fetus ermittelt werden soll, § 3 Nr. 3 GenDG.
35 „[E]xzessive Beratungspflichten" (Hübner, Pühler 2009, S. 679).
36 Laut Gesundheitsgerichterstattung des Bundes sind 2010 bei den Ärztekammern 281 Humangenetiker (Statistisches Bundesamt 2011a) und 243 Ärzte mit Zusatzbezeichnung Medizinische Genetik mit ärztlicher Tätigkeit (Statistisches Bundesamt 2011b) registriert.

### 5.1.4.2. „Fachgebundene genetische Beratung" nach der Richtlinie der Gendiagnostik-Kommission (GEKO) über die Anforderungen an die Qualifikation zur und Inhalte der genetischen Beratung gemäß § 23 Abs. 2 Nr. 2a und § 23 Abs. 2 Nr. 3 GenDG

Zur Konkretisierung der genetischen Beratung im Sinne des GenDG hat die GEKO im Februar 2011 den „Entwurf der Richtlinie über die Anforderungen an die Qualifikation zur und Inhalte der genetischen Beratung gemäß § 23 Abs. 2 NR. 2a und § 23 Abs. 2 Nr. 3 GenDG" vorgelegt (GEKO 2011a). Am 11.7.2011 wurde die Richtlinie veröffentlicht, sie ist am gleichen Tag in Kraft getreten (GEKO 2011b).

Im Falle vorgeburtlicher genetischer Diagnostik hat nach dieser Richtlinie eine „fachgebundene genetische Beratung" zu erfolgen. Die „fachgebundene genetische Beratung" ist seit Januar 2012 an eine besondere Qualifikation des Beratenden geknüpft: entweder muss eine Qualifikation als Facharzt für Humangenetik beziehungsweise als Arzt mit der Zusatzbezeichnung Medizinische Genetik vorliegen oder aber es muss die in der Richtlinie sogenannte „Qualifikation zur fachgebundenen genetischen Beratung" nachgewiesen werden.

Die GEKO definiert als Ziel der Beratung im Sinne des GenDG, dem Ratsuchenden zu helfen, medizinisch-genetische Sachverhalte zu verstehen und ihre Relevanz für das weitere Leben einordnen zu können, Entscheidungsalternativen in Hinblick auf Durchführen oder Unterlassen genetischer Untersuchungen zu bedenken (Wissen – Nichtwissen), selbständige Entscheidungen zu treffen und individuell angemessene Verhaltensweisen zu wählen (GEKO 2011b, Ziff. II., passim).

Zu den Prinzipien genetischer Beratung gehören laut GEKO die Nichtdirektivität, Allgemeinverständlichkeit sowie Ergebnisoffenheit (GEKO 2011b, Ziff. II., passim).

Die Richtlinie unterscheidet zwischen genetischen Beratungen in diagnostischem, prädiktivem und vorgeburtlichem Kontext und formuliert entsprechend spezifische Anforderungen sowohl an die Beratungszeitpunkte (also Beratung vor und nach der genetischen Untersuchung) als auch an die Beratungsinhalte und die Qualifikationsanforderungen.

Grundlegende Inhalte der genetischen Beratung sind die Erörterung möglicher medizinischer, psychosozialer und ethischer Fragen, die im Zusammenhang mit der Indikation zu der genetischen Untersuchung sowie vorhandenen Vorbefunden stehen. Das Beratungsgespräch soll sich an den Anliegen der betroffenen Person orientieren und die Person soll Gelegenheit für Fragen erhalten. Die individuellen Werthaltungen und religiösen Einstellungen sowie die psychosoziale Situation müssen „grundsätzlich" beachtet und respektiert werden. Bei psychischen und physischen Belastungen sollen Möglichkeiten zur Unterstützung, zum Beispiel psychosoziale oder psychotherapeutische Beratung angeboten und gegebenenfalls auf Selbsthilfeorganisationen und Behindertenverbände hingewiesen werden (GEKO 2011b, Ziff. V).

Die konkreten Inhalte vorgeburtlicher genetischer Beratung sind unter Ziff. VI.3. „Inhalte der genetischen Beratung im Rahmen einer vorgeburtlichen genetischen Untersuchung und vorgeburtlicher Risikoabklärung (§ 15 GenDG in Verbindung mit § 3 Nrn. 1 und 3 GenDG)" der Richtlinie aufgelistet. Die Beratung umfasst *im Vorfeld* vorgeburtlicher genetischer Untersuchungen vor allem die Vermittlung von medizinischen Informationen. So ist auf das Basisrisiko für das Vorliegen von gesundheitlichen Störungen beim Neugeborenen hinzuweisen und über die Bedeutung von Wahrscheinlichkeiten zu informieren, mit der eine Krankheit auftreten kann. Zusätzlich ist über die aktuellen Untersuchungsmöglichkeiten, ihre Aussagekraft (Einordnung eines auffälligen Befundes zum Beispiel bei vorgeburtlicher Risikoabklärung) und mögliche Einschränkungen, ihrer Sensitivität, Spezifität sowie ihren positiven beziehungsweise negativen prädiktiven Wert zu informieren, insbesondere aber auch über die Bedeutung falsch positiver und falsch negativer Resultate. Es sollen mögliche Konsequenzen einer vorgeburtlichen genetischen Untersuchung thematisiert werden. Welche Konsequenzen gemeint sind - therapeutische Konsequenzen oder etwaige Folgeuntersuchungen, psychische Auswirkungen oder die sich möglicherweise stellende Frage eines Schwangerschaftsabbruchs - ist nicht weiter aufgeführt. Fakultativ können in die Beratung Elemente der Aufklärung im Sinne des § 9 GenDG aufgenommen werden und zum Beispiel über mit der Probenentnahme verbundene Risiken für die schwangere Frau und den Embryo beziehungsweise Fetus aufgeklärt und mögliche Alternativen bei einer Entscheidung gegen die Untersuchung aufgezeigt werden (GEKO 2011b, Ziff. VI.3. und VI.3.1.).

Für den Zeitpunkt *nach* vorgeburtlicher genetischer Untersuchung enthält die Richtlinie nur Vorgaben für den Fall eines auffälligen Befundes, obwohl das GenDG in § 15 Abs. 2 eine genetische Beratung auch nach unauffälligem Befund vorschreibt. Auch hier steht im Rahmen der genetischen Beratung die Vermittlung von Informationen im Vordergrund: Bei einem Untersuchungsergebnis für eine bestimmte Krankheit, Fehlbildung oder Entwicklungsstörung müssen das zu erwartende klinische Bild, die Entwicklungsperspektiven für das betroffene Kind, Therapie- und Präventionsmöglichkeiten, mögliche Komplikationen in der Schwangerschaft und Konsequenzen für die Geburtsleitung erörtert werden. An dieser Stelle integriert die Richtlinie die Vorgaben aus § 2a Abs. 1 SchKG für die „Beratung in besonderen Fällen" bei Mitteilung eines auffälligen Befundes – allerdings mit Abweichungen zum Wortlaut: Gemäß § 2a Abs. 1 SchKG sind zu der Beratung Ärzte hinzuzuziehen, die mit der diagnostizierten Gesundheitsschädigung bei geborenen Kindern Erfahrung haben. Die Richtlinie fügt dem hinzu, dass das insbesondere Ärzte der Kinder- und Jugendmedizin sein sollen – und stellt damit die humangenetische Beratung hinten an (GEKO 2011b Ziff. VI.3.2.). Allerdings sollen schwangere Frauen grundsätzlich immer dann an Humangenetiker oder Ärzte mit der Zusatzbezeichnung „Medizinische Genetik" überwiesen werden, wenn sich in dem Beratungsgespräch Hinweise auf übergeordnete Fragestellungen ergeben, die „die Fachgrenzen überschreitende genetische Expertise erfordern" (GEKO 2011b, Ziff. VII.2.). Der Hinweis darauf, dass die Inanspruchnahme dieser Beratung für die schwangere Frau freiwillig ist – im SchKG ergibt sich das aus § 2a Abs. 3 – fehlt hier, ist aber an anderer Stelle zu finden (GEKO 2011b, Ziff. V.)

> Exkurs: Qualifikation zur fachgebundenen genetischen Beratung gemäß § 7 Abs. 3 und § 23 Abs. 2 Nr. 2a GenDG (GEKO 2011b)
> Unter Ziffer VII. Fachgebundene Qualifikation zur genetischen Beratung führt die Richtlinie die Inhalte für die Qualifikation zur fachgebundenen genetischen Beratung auf. Hier wird unterschieden zwischen den Qualifikationsinhalten der fachgebundenen genetischen Beratung im Allgemeinen (Ziff. VII.3) und den Qualifikationsinhalten bei Beratung im Kontext vorgeburtlicher Risikoabklärung im Besonderen (Ziff. VII.4). Ziel der Qualifikation ist es gemäß Ziff. VII.1., dem Arzt „die Kenntnisse und Fähigkeiten zu vermitteln, um genetische Daten richtig und vollständig zu interpretieren, sie einordnen zu können (Risikokonzept) und im Rahmen einer fachgebundenen genetischen Beratung so vermitteln zu können, dass Ratsuchende die Relevanz für ihr Leben einordnen können. Hierzu zählen neben der Erörterung medizinischer und genetischer Sachverhalte im Zusammenhang mit genetischen Krankheiten auch psychische, soziale und ethische Aspekte."
>
> Die Qualifikationsinhalte der Beratung im Rahmen der vorgeburtlichen Risikoabklärung (Ziff. VII.4.) sollen dem Beratenden die Grundlagen zu einer adäquaten Vorbereitung der schwangeren Frau auf einen „auffälligen Befund" (Hervorhebung im Original) sowie Kenntnisse hinsichtlich der psychosozialen Aspekte genetischer Beratung einschließlich Gesprächsführung vermitteln, insbesondere soll eine adäquate Risikokommunikation gelehrt werden (GEKO

2011b, Ziff. VII.4.). Die Vorgaben für die Qualifikationsinhalte unterteilen sich in allgemeine Aspekte der genetischen Beratung, psychosoziale und ethische Aspekte der genetischen Beratung und einen fachspezifischen Teil. Zu den allgemeinen Aspekten der genetischen Beratung sollen Inhalte zu allgemeinen rechtlichen und ethischen Aspekten der genetischen Beratung, Aufklärung und Einwilligung vor einer genetischen Untersuchung, zu Anamnese und Befunderhebung unter Berücksichtigung genetischer Aspekte, zur Bewertung und Kommunikation von genetischen Risiken im Sinne der personenzentrierten Beratung unter Angabe absoluter Häufigkeiten sowie Handlungsoptionen, zu unerwarteten Untersuchungsergebnissen und zum Umgang mit Nebenbefunden sowie zur Dokumentation der genetischen Beratung vermittelt werden. Der Qualifikationsinhalt „Psychosoziale und ethische Aspekte genetischer Beratung" umfasst die Vermittlung des Beratungsziels (Hilfe zu selbstverantwortlichen Entscheidungen, Hilfe zur individuell bestmöglichen Einstellung auf eine Entwicklungsstörung oder Erkrankung, Aufzeigen weiterer Beratungsmöglichkeiten), die Vermittlung psychosozialer Aspekte (Belastung durch eine Erkrankung beziehungsweise Störung („burden"), individueller lebensgeschichtlicher Hintergrund, Partnerbeziehung, familiärer Kontext, Bewältigungsstrategien („Coping"), Resilienz (psychische und soziale Widerstandskräfte) und verantwortetes Handeln und Schuldgefühle) sowie die Vermittlung ethischer Aspekte (ethische Grundannahmen, Werte und Prinzipien und ihre Relevanz für die individuelle Entscheidungsfindung, ethische Reflexionskompetenz und das Erkennen von ethischen Normenkonflikten und ihrer argumentativen Klärung (Autonomie, Verantwortung, moralischer Status menschlicher Embryonen und Feten). Der fachspezifische Teil beinhaltet Kenntnisse über genetisch bedingte oder mitbedingte Erkrankungen oder Entwicklungsstörungen, die durch vorgeburtliche Risikoabklärung vorhersagbar sind und hierzu spezifische Indikationen (zum Beispiel alters-, geschlechtsabhängig, Begleiterkrankungen /Risikogruppen etc.) und entsprechende Risiken.

Das alles soll in mindestens acht Fortbildungseinheiten vermittelt werden. Fakultativ kann der theoretische Teil der Qualifikationsmaßnahme mit einer Lernerfolgskontrolle abgeschlossen werden. Der Besuch der vorgesehenen mindestens acht Fortbildungseinheiten als grundsätzliche Voraussetzung für den Zugang zur Erfolgskontrolle erübrigt sich für eine Übergangsfrist von fünf Jahren für diejenigen, die das Bestehen einer Wissenskontrolle nachweisen können, die die theoretischen Qualifikationsinhalte umfasst. Nach Ablauf der Übergangsregelung haben diejenigen Ärzte direkten Zugang zur Wissenskontrolle, die mindestens fünf Jahre Berufserfahrung nach Erwerb der Anerkennung zum Facharzt nachweisen können. Anstelle des Besuchs von Fortbildungseinheiten ist ausdrücklich eine Fortbildung auf schriftlichem oder elektronischem Wege erlaubt.

Die Landesärztekammern können diese Regelungen ablösen: Sie können entscheiden, inwieweit Teile der Qualifikationsinhalte bereits durch den Besuch spezifischer ärztlicher Fortbildungen umfasst sind und anerkannt werden (GEKO 2011b, Ziff. VII.4.4.).

Ferner sind im Rahmen der praktisch-kommunikativen Qualifizierungsmaßnahme mindestens fünf praktische Übungen anhand von Beispielsfällen zu Gesprächen über fachgebundene genetische Beratungen unter Supervision eines Facharztes für Humangenetik oder eines Arztes mit Zusatzbezeichnung Medizinische Genetik vorgeschrieben. Der Nachweis der vorgesehenen fünf praktischen Übungen kann durch den „Nachweis des Erwerbs der psychosomatischen Grundversorgung oder äquivalenter Weiterbildungsinhalte" ersetzt werden (GEKO 2011b, Ziff. VII.4.4.)[37].

---

37 Wesentlich umfangreicher sind die Qualifikationsmaßnahmen für die fachgebundene genetische Beratung *mit Ausnahme* der vorgeburtlichen Risikoabklärung. Die BÄK hielt die Regelungen zur Qualifikation für die fachgebundene genetische Beratung insgesamt, wie sie in dem Richtlinienentwurf (GEKO 2011a) vorgesehen war, für höchst problematisch, insbesondere äußerte sie verfassungsrechtliche Bedenken (BÄK 2010b, S. 305 f.). Die Deutsche Gesellschaft für Humangenetik e.V. und der Berufsverband Deutscher Humangenetiker e.V. haben sich im Stellungnahmeverfahren zum Richtlinienentwurf der GEKO ebenfalls mit erheblichen Bedenken zu Wort gemeldet. Mit deutlichen Worten verwahrten sie sich dagegen, dass der Eindruck der Äquivalenz der Qualifikation zur „fachgebundenen genetischen Beratung" gemäß GenDG mit der Qualifikation als Facharzt für Humangenetik entsteht, die zur humangenetischen Beratung erforderlich ist (Deutsche Gesellschaft für Humangenetik 2011, Berufsverband Deutscher Humangenetiker 2011a, 2011b). Zudem wurde der Anspruch der Richtlinie in Hinblick auf die zu vermittelnden fachlichen Kenntnisse als unrealistisch kritisiert: Die Weiterbildungsinhalte für die Fachärzte anderer Fachgruppen gingen zum Teil über den Weiterbildungskatalog der Humangenetiker hinaus, sollen aber innerhalb weniger Tage vermittelt werden. Darin wurde zum einen eine Überforderung der Berater aus nicht-humangenetischen Fachgebieten gesehen, zum anderen würde die fachärztliche humangenetische Beratung entwertet (Berufsverband Deutscher Humangenetiker 2011a, b). Außerdem wurde im Richtlinienentwurf eine Haftungsfalle für nicht-humangenetische Ärzte gesehen und schließlich zweifelte (wie schon die BÄK) auch der Berufsverband Deutscher Humangenetiker die Regelungskompetenz der GEKO für die Qualifikation der Ärzte an und drohte damit, für den Fall des Inkrafttretens der Richtlinie „allen deutschen Ärztekammern [zu] empfehlen, sich nicht an der Umsetzung der GEKO-RL zu beteiligen" und „allen betroffenen ärztlichen Kolleginnen und Kollegen zu empfehlen, die regelnden Institutionen, also auch das BMG und die GEKO, im Haftungsfall in Regress zu nehmen, weil diese ggf. sachlich und fachlich inkorrekte Regelungen beschlossen hätten, die zudem verfassungsrechtlich bedenklich sind" (Berufsverband Deutscher Humangenetiker 2011a, b).
Im Vergleich zum Richtlinienentwurf wurde die in Kraft getretene Fassung in Hinblick auf die Vorgaben zum Qualifikationserwerb entschärft. Insbesondere wird nunmehr ausdrücklich betont, dass die Regelungszuständigkeit der Landesärztekammern nicht berührt werde (GEKO 2011b Ziff. VIII, letzter Satz; umgesetzt wurde dies in erster Linie mit dem Zugeständnis, dass das Erfordernis der Ärzte zum Nachweis der Qualifikationsmaßnahme des theoretischen Teils der Entscheidungshoheit der Landesärztekammern unterstellt wurde. Den Bedenken der Humangenetiker wurde mit der endgültigen Richtlinie insoweit Rechnung getragen, als dass mehrfach betont wird, dass die genetische Beratung durch Humangenetiker oder Ärzte mit der Zusatzbezeichnung Medizinische Genetik von den Vorgaben der Richtlinie unberührt bleiben (GEKO 2011b Ziff. I). Die Weiterbildungsinhalte wurden dagegen im Vergleich

Ob diese Qualifikationsvorgaben in die Praxis umgesetzt werden oder aber ob sie - bei Anerkennung adäquater Fort- und Weiterbildungsinhalte - leerlaufen, ist daher nunmehr in das Belieben der Landesärztekammern gestellt.

### 5.1.5. Exkurs: Humangenetische Beratung

Von der fachgebundenen genetischen Beratung im Sinne des GenDG ist die humangenetische Beratung durch Fachärzte der Fachrichtung Humangenetik abzugrenzen. Diese ist nicht gesetzlich, sondern berufsrechtlich geregelt.

Bestandteil der humangenetischen Beratung ist unter anderem auch die Beratung im Kontext von Pränataldiagnostik.

Seit 1975 ist die humangenetische Beratung eine kassenärztliche Leistung (Wolff 1998a, S. 29), ihre selbständige und verantwortliche Durchführung setzt die Qualifikation als Facharzt für Humangenetik, die Zusatzbezeichnung Medizinische Genetik (Deutsche Gesellschaft für Humangenetik, Berufsverband Deutscher Humangenetiker e.V. 2007) oder Fachhumangenetiker (Berufsverband Medizinische Genetik 2001) voraus.

Die Humangenetik versteht sich als „sprechende Medizin" und sieht sich daher Aufklärung und Beratung in besonderer Weise verpflichtet (Damm 1999, S. 438; Henn, Schindelhauer-Deutscher 2007, S. 174). Grund hierfür ist ein Aspekt, in dem sich medizinische Genetik von anderen Gebieten der klinischen Medizin unterscheidet: nämlich die Möglichkeit vorgeburtlicher genetischer Diagnostik, die in die Problematik des Schwangerschaftsabbruchs führen kann. Weitere Aspekte sind die Unabhängigkeit organischer Symptome vom genetischen Status des Menschen, die zur Entkopplung genetischer von klinischer Diagnostik führt sowie die individuenüberschreitende Bedeutung genetischer Befunde, die zu innerfamiliären Konflikten führen kann (Henn, Schindelhauer-Deutscher 2007, S. 174). Als wichtigstes Instrument im Umgang mit diesen Besonderheiten medizinischer Genetik wird die „individuelle Risikokommunikation in der genetischen Beratung" bezeichnet (Henn, Schindelhauer-Deutscher 2007, S. 174).

#### 5.1.5.1. Humangenetische Beratung nach dem Positionspapier der Deutschen Gesellschaft für Humangenetik

Im Positionspapier der Deutschen Gesellschaft für Humangenetik (Deutsche Gesellschaft für Humangenetik 2007) sind dem „Recht auf umfassende Aufklärung" und der „humangenetischen Beratung" jeweils eigene Abschnitte gewid-

---

zum Richtlinienentwurf nicht verändert. Ob die BÄK und der Berufsverband Deutscher Humangenetiker wie angekündigt gegen die Richtlinie vorgehen werden, bleibt abzuwarten.

met, in denen die Bedeutung beider Instrumente für die medizinische Genetik hervorgehoben wird und deren Ziele umrissen werden. Im Folgenden wird dann allerdings nicht konsequent zwischen Aufklärung und Beratung differenziert sondern vielmehr die Aufklärung in die Beratung „eingebettet".

Ziel der *Aufklärung* ist nach dem Positionspapier die Ermöglichung einer „qualifizierten Zustimmung oder Ablehnung" einer genetischen Untersuchung, die den „Prinzipien des informed consent genügen". Dazu gehört in erster Linie die Vermittlung von medizinisch-genetischen Informationen: über die Maßnahme und ihre Zwecke, über voraussichtlichen Nutzen und Risiken der Untersuchung und sich möglicherweise anschließende Therapien sowie über angemessene alternative Verfahrensweisen, die ebenfalls einen Nutzen haben können. Im Rahmen der Aufklärung soll außerdem über Konsequenzen und Entscheidungsalternativen beraten werden, die sich aus dem Befund der genetischen Diagnostik ergeben. Ebenfalls unter „Aufklärung" wird die sich an die Untersuchung anschließende vollständige Information über alle Ergebnisse gefasst, die für die Gesundheit des Klienten oder die Gesundheit eines Kindes von Bedeutung sein können.

Auch das inzwischen im GenDG verankerte „Recht auf Nichtwissen", hier definiert als das Recht, die Untersuchung abzulehnen beziehungsweise nach der Untersuchung auf die Bekanntgabe des Untersuchungsergebnisses zu verzichten, findet unter dem Aspekt „Aufklärung" Erwähnung[38]. Insgesamt soll die Aufklärung „die Darstellung möglicher Folgen für die persönliche Lebenssituation unter Respektierung sozialer, ethischer und religiöser Wertvorstellungen der Ratsuchenden einschließen und die individuellen Verarbeitungsmöglichkeiten berücksichtigen" (Deutsche Gesellschaft für Humangenetik 2007, S. 9).

Die *humangenetische Beratung* versteht sich als „Angebot an alle, die an einer genetisch bedingten Krankheit oder Behinderung leiden und/oder ein Erkrankungsrisiko für sich oder Angehörige befürchten". Auch in der Beratung soll umfassend medizinisch-genetisch informiert werden. Die Beratung soll, neben der Verschaffung einer Informationsgrundlage, den Ratsuchenden dabei unterstützen, „eine für ihn tragbare Einstellung beziehungsweise Entscheidung hinsichtlich einer genetisch bedingten Erkrankung oder Behinderung beziehungs-

---

38 Das „Recht auf Nichtwissen" findet in internationalen Regelwerken seit Mitte der 1990er Jahre Erwähnung, so zum Beispiel in Dokumenten der World Medical Association (Declaration on the Rights of the Patient, 2005), der UNESCO (Declaration on the Human Genome an Human Rights, 1997) und des Europarates (Convention on Human Rights and Biomedicine, 1997). Kritisch zum „Recht auf Nichtwissen" Helgesson *et al.* 2007.

weise eines Risikos hierfür" zu finden (Deutsche Gesellschaft für Humangenetik 2007, S. 9). Das Postulat der Nichtdirektivität humangenetischer Beratung wird ebenso hervorgehoben wie die Auffassung, dass die humangenetische Beratung als verpflichtender Rahmen auch für pränatale genetische Diagnostik anzusehen ist (Deutsche Gesellschaft für Humangenetik 2007, S. 10).
Der Pränataldiagnostik widmet das Positionspapier einen eigenen Unterabschnitt im Kapitel „Beratung". Die Pränataldiagnostik als „wichtige Option bei der Familienplanung" soll an eine „umfassende Aufklärung, die den Ansprüchen einer humangenetischen Beratung genügt und der Schwangeren eine qualifizierte Entscheidung für oder gegen die Untersuchung ermöglicht" gebunden sein (Deutsche Gesellschaft für Humangenetik 2007, S. 11). Auf Beratungsinhalte, -ziele und -methode geht das Positionspapier an dieser Stelle nicht genauer ein. Für den Fall, dass das Ergebnis der pränatalen genetischen Diagnostik zur Entscheidung über einen Schwangerschaftsabbruch führt, fordert das Positionspapier die Einführung einer Beratungspflicht: Die obligatorische humangenetische Beratung soll dabei „eventuell" auch fachübergreifend durchgeführt werden (Deutsche Gesellschaft für Humangenetik 2007, S. 12).

Bezüglich Form und Inhalt humangenetischer Beratung verweist das Positionspapier auf die konkretisierenden Leitlinien zur humangenetischen Beratung der Deutschen Gesellschaft für Humangenetik (Deutsche Gesellschaft für Humangenetik, Berufsverband Deutscher Humangenetiker 2007).

### 5.1.5.2. Humangenetische Beratung nach den Leitlinien „Genetische Beratung" der Deutschen Gesellschaft für Humangenetik und des Berufsverbandes Deutscher Humangenetiker

Die Leitlinien „Genetische Beratung" (Deutsche Gesellschaft für Humangenetik, Berufsverband Deutscher Humangenetiker 2007) heben ihrerseits die Bedeutung genetischer Beratung hervor[39]. Die Leitlinien beginnen mit der Indikation zur genetischen Beratung, die immer dann vorliegen soll, wenn Fragestellungen auftreten, die mit dem Auftreten oder der Befürchtung einer angeborenen und/oder genetisch (mit-)bedingten Erkrankung oder Behinderung zusammenhängen. Als Beratungsziel wird die Hilfe zum Verständnis medizinisch-genetischer Fakten, zum Bedenken von Entscheidungsalternativen und zur Wahl individuell angemessener Verhaltensweisen definiert (Deutsche Gesellschaft für Humangenetik,

---

39 Ähnlich lauteten schon 2001 die „Leitlinien zur Genetischen Beratung" des Berufsverbandes Medizinische Genetik e.V., der 2004 mit dem Berufsverband Deutscher Humangenetiker fusioniert ist (Berufsverband Medizinische Genetik, Deutsche Gesellschaft für Humangenetik 2006).

Berufsverband Deutscher Humangenetiker 2007, S. 452). Anders als im Positionspapier wird hier die uneingeschränkte Freiwilligkeit der Inanspruchnahme genetischer Beratung postuliert.

Als Beratungsinhalte stehen auch in den Leitlinien medizinisch-genetische Fakten im Vordergrund: als Information und Beratung über medizinische Aspekte, über die Bedeutung genetischer Faktoren bei Krankheitsentstehung und Auswirkungen auf die Wahrscheinlichkeit, mit der die Erkrankung eintreten wird sowie über die Möglichkeiten pränataler Diagnostik. Insgesamt sollen alle „notwendigen und den Berater zum Zeitpunkt der Beratung zur Verfügung stehenden Informationen, welche den Ratsuchenden eine selbständige Entscheidung ermöglichen können, dem Ratsuchenden zugänglich gemacht werden" (Deutsche Gesellschaft für Humangenetik, Berufsverband Deutscher Humangenetiker 2007, S. 453).

Besondere Bedeutung wird der Information über das Erkrankungsrisiko beigemessen: „Wenn möglich, muss eine Berechnung des Erkrankungsrisikos erfolgen. In anderen Fällen sollte – sofern sinnvoll – ein Abschätzung der Höhe von Erkrankungsrisiken vorgenommen werden" (Deutsche Gesellschaft für Humangenetik, Berufsverband Deutscher Humangenetiker 2007, S. 452)[40]. Diese sollen im Rahmen einer umfassenden humangenetischen Stellungnahme dem Ratsuchenden auch schriftlich zur Verfügung gestellt werden (Deutsche Gesellschaft für Humangenetik, Berufsverband Deutscher Humangenetiker 2007, S. 453).

Kritiker setzen an dieser Stelle an. Dass Humangenetiker die umfassenden Informationen als „unabdingbare Voraussetzung für die individuelle Ausübung von Entscheidungsautonomie" halten (Jung 2007, S. 1130), wird durchaus als problematisch angesehen: Indem die Mitteilung von Nutzen und Risiken den Inhalt humangenetischer Beratung ausmache, werde die werdende Mutter aufgefordert, „ihr kommendes Kind zum Gegenstand von Risikobilanzen und von Management-Entscheidungen zu machen" (Samerski 2009, S. 172). Die humangenetische Beratung fordere „vornehmlich zu einer bilanzierenden Verrechnung unterschiedlicher Risiken auf, die an der Wirklichkeit der von einer pränataldiagnostischen Entscheidung betroffenen Frau vorbeigehen (Ackermann 2005, S. 198) und bei der psychosoziale Variablen unzureichend berücksichtigt würden (Wüstner 2000, S. 395 f.).

---

40 Entsprechend hoch wird die Bedeutung der Risiko-, damit der Wahrscheinlichkeitsberechnung für die genetische Beratung eingeschätzt, vgl. Fischer, Grimm 2011, S. 4.

Höchstrichterliche Rechtsprechung scheint den humangenetischen Beratungsansatz allerdings zu rechtfertigen. Im sogenannten „Tübinger Fall" (BGH, Urt. v. 16.11.1993, NJW 1994, S. 78) hatte der Bundesgerichtshof eine humangenetische Beratung als fehlerhaft und unzureichend bewertet.

> In diesem Fall wollten die Eltern eines von Geburt an geistig und körperlich behinderten Kindes wissen, ob im Fall einer weiteren Schwangerschaft wieder mit einer Erbkrankheit zu rechnen sei. Ihnen wurde im Rahmen der humangenetischen Beratung mitgeteilt, dass von einer Schwangerschaft nicht abgeraten werden müsse, da bei dem erstgeborenen Kind eine vererbbare Störung äußerst unwahrscheinlich und daher eine Wiederholung nicht zu befürchten sei. Ein später im Rahmen der gerichtlichen Auseinandersetzung eingeholtes Sachverständigengutachten hatte ergeben, dass die Ursache der Erkrankung des erstgeborenen Kindes unzutreffend gewichtet worden, die Empfehlung der humangenetischen Berater daher nicht hinreichend gesichert gewesen und dieser Sachverhalt in der humangenetischen Beratung nicht klargestellt worden sei. In der Folge wurde der humangenetische Berater zum Ersatz des Unterhaltsbedarfs des Kindes verurteilt (BGH NJW 1994, S. 78).

Ungeachtet der Vorwürfe der Kritiker verkennen auch Humangenetiker die psychosoziale Komponente von Entscheidungen im Zusammenhang mit genetischer Diagnostik nicht. Psychosoziale Hilfen werden im Gegenteil als Erfordernis im Rahmen genetischer Beratung gesehen. Als drei „psychosoziale Globalziele genetischer Beratung" werden die Wiederherstellung des inneren psychischen Gleichgewichts, die Herstellung und die Bewahrung des Gleichgewichts mit der sozialen Umwelt sowie das Akzeptieren einer Krankheit beziehungsweise der durch einen genetischen Befund ausgelösten Krise definiert (Henn, Schindelhauer-Deutscher 2007, S. 177). Um das zu erreichen, werden an genetischen Beratungsstellen - so zumindest die Forderung - psychotherapeutische, sozialarbeiterische oder sozialpädagogische Kollegen konsiliarisch hinzugezogen oder der Ratsuchende an solche Kollegen überwiesen, wenn nicht ohnehin in interdisziplinären Beratungsteams beraten wird (Henn, Schindelhauer-Deutscher 2007, S. 177 f.). Die Humangenetik hat damit den Gedanken multiprofessioneller Beratung längst aufgegriffen; eine andere Frage ist die der Umsetzung in der Praxis.

### 5.1.6. Zusammenfassung der gesetzlichen Grundlagen ärztlicher Beratung

Die gesetzlichen Vorgaben ärztlicher Beratung (die humangenetische Beratung nicht eingeschlossen) beziehen sich in erster Linie auf die Ausformulierung ärztlicher Beratungspflichten und geben vor, wann wer zu einer Beratung verpflichtet ist und – im Fall des GenDG – welche Qualifikation Voraussetzung für eine Beratung ist. Ferner sind Formalien geregelt wie Schriftformerfordernisse, Dokumentationspflichten und Fristen. In den Regelungen des § 2a SchKG und des GenDG finden sich außerdem Regelungen zu den Beratungsinhalten, die für den Arzt verbindlich vorgegeben sind. Zumindest formal und inhaltlich sind die Beratungsgespräche damit einheitlich geregelt. Keine gesetzlichen Regelungen gibt es in Hinblick auf die methodische Ausgestaltung von Beratungsgesprächen, abgesehen von dem allgemeinen Hinweis auf die Erfordernisse der Ergebnisoffenheit und Nichtdirektivität von Beratungsgesprächen. Lehrinhalte in dieser Hinsicht sieht die Richtlinie der GEKO im Rahmen der Qualifikationsvorgaben für Ärzte vor, die im Sinne des GenDG genetisch beraten; diese Regelungen gelten seit Februar 2012.

### 5.2. Gesetzliche und untergesetzliche Grundlagen psychosozialer Beratung

#### 5.2.1. § 2 SchKG - Allgemeine Schwangerenberatung

Im Zusammenhang mit Pränataldiagnostik haben schwangere Frauen Anspruch auf Beratung an einer Psychosozialen Beratungsstelle. Nach der Vorstellung des Gesetzgebers soll Pränataldiagnostik grundsätzlich mit psychosozialer Beratung einhergehen, ohne die schwangere Frau zur Inanspruchnahme psychosozialer Beratung zu verpflichten. In der Gesetzesbegründung zur Einführung des § 2a SchKG heißt es: „Psychosoziale Beratung kann und sollte sich so zusammen mit der ärztlichen Versorgung als selbstverständlicher und integrativer Bestandteil der Betreuung von Schwangeren im Kontext pränataler Diagnostik nicht nur vor dem Hintergrund einer medizinischen Indikation etablieren" (BT-Drs. 16/12970, S. 24).

§ 2 SchKG regelt den Anspruch auf allgemeine Beratung an Beratungsstellen im Sinne des § 3 SchKG. Diese allgemeine Beratung ist abzugrenzen von der Schwangerschaftskonfliktberatung, die in den §§ 5 ff. SchKG eigens geregelt ist. In § 2 Abs. 2 SchKG ist geregelt, auf welche Informationen innerhalb der allgemeinen Schwangerenberatung ein Anspruch besteht.

> Danach umfasst der Anspruch auf Beratung gemäß § 2 SchKG Informationen über Sexualaufklärung, Verhütung und Familienplanung; bestehende familienfördernde Leistungen und Hilfen für Kinder und Familien, einschließlich der besonderen Rechte im Arbeitsleben; Vorsorgeuntersuchungen bei Schwangerschaft und die Kosten der Entbindung; soziale und wirtschaftliche Hilfen für schwangere Frauen, insbesondere finanzielle Leistungen sowie Hilfen bei der

Suche nach Wohnung, Arbeits- oder Ausbildungsplatz oder deren Erhalt; die Hilfsmöglichkeiten für behinderte Menschen und ihre Familien, die vor und nach der Geburt eines in seiner körperlichen, geistigen oder seelischen Gesundheit geschädigten Kindes zur Verfügung stehen; die Methoden zur Durchführung eines Schwangerschaftsabbruchs, die physischen und psychischen Folgen eines Abbruchs und die damit verbundenen Risiken; Lösungsmöglichkeiten für psychosoziale Konflikte im Zusammenhang mit einer Schwangerschaft; die rechtlichen und psychologischen Gesichtspunkte im Zusammenhang mit einer Adoption. Außerdem haben schwangere Frauen Anspruch auf Unterstützung bei der Geltendmachung von Ansprüchen sowie bei der Wohnungssuche, bei der Suche nach einer Betreuungsmöglichkeit für das Kind und bei der Fortsetzung ihrer Ausbildung. Auf Wunsch der schwangeren Frau können Dritte zur Beratung hinzugezogen werden. Auch die Betreuung nach einem Schwangerschaftsabbruch oder nach der Geburt des Kindes ist von dem Anspruch auf Beratung gemäß § 2 SchKG umfasst.

Relevant sind für die Beratung im Kontext von Pränataldiagnostik und Schwangerschaftsabbruch aus dieser Zusammenstellung in erster Linie der Anspruch auf Informationen über Vorsorgeuntersuchungen bei Schwangerschaft, der Anspruch auf Informationen über Hilfsmöglichkeiten für behinderte Menschen und ihre Familien, die vor und nach der Geburt eines in seiner körperlichen, geistigen oder seelischen Gesundheit geschädigten Kindes zur Verfügung stehen, sowie der Anspruch auf Informationen über Lösungsmöglichkeiten für psychosoziale Konflikte im Zusammenhang mit einer Schwangerschaft, somit auch im Zusammenhang mit pränatalen Untersuchungen und Untersuchungsergebnissen (§ 2 Abs. 2 Nrn. 3, 5 und 7 SchKG).

Seit der gesetzlichen Regelung der „Beratung in besonderen Fällen" in § 2a SchKG haben Ärzte bei Mitteilung eines auffälligen Befundes nach Pränataldiagnostik (und vor schriftlicher Feststellung der Voraussetzungen der medizinischen Indikation gemäß § 218a Abs. 2 SchKG) auf den Anspruch auf psychosoziale Beratung gemäß § 2 SchKG eigens hinzuweisen und mit dem Einverständnis der schwangeren Frau an diese zu vermitteln. Damit ist klar, dass der Gesetzgeber davon ausgeht, dass an Beratungsstellen auf Pränataldiagnostik spezialisierte Beratung stattfinden kann.

### 5.2.2. Exkurs: § 219 StGB in Verbindung mit §§ 5 ff. SchKG - Schwangerschaftskonfliktberatung

Prominenter als der Anspruch auf Beratung nach § 2 SchKG ist die Schwangerschaftskonfliktberatung im Sinne des § 219 StGB in Verbindung mit §§ 5 ff. SchKG (auch: Konfliktberatung oder Pflichtberatung). Die Pflichtberatung ist Voraussetzung für einen Schwangerschaftsabbruch gemäß § 218a Abs. 1 StGB, also innerhalb der ersten 12 Schwangerschaftswochen und unabhängig vom Vorliegen einer medizinischen Indikation zum Schwangerschaftsabbruch. Regelmäßig wird im Zusammenhang mit Pränataldiagnostik diese Beratung nicht (mehr) infrage kommen, da Ergebnisse pränataler Diagnostik, die einen Schwangerschaftskonflikt hervorrufen, meistens nach Abschluss der 12. Woche bekannt werden. Ausnahmefälle sind jedoch denkbar.

> Insofern beunruhigt die Vorstellung, dass die nicht-invasiven Testung auf Trisomie 21 aus mütterlichem Blut bereits in der zehnten Schwangerschaftswoche möglich sein soll (Chiu *et al.* 2011, Stumm *et al.* 2011).

Für Konfliktberatungsstellen gelten besondere Zulassungsvoraussetzungen, und auch die Beratung selbst unterliegt speziellen Vorgaben.

> Beratungsstellen, die eine Konfliktberatung nach den §§ 5ff. SchKG durchführen, bedürfen der staatlichen Anerkennung (§ 8 S. 2 SchKG). Für die Erteilung der Anerkennung stellt § 9 SchKG gewisse Qualitätsstandards auf. Die §§ 5, 6 und 7 SchKG geben verbindlich den Beratungsinhalt und -ablauf bis zur Erteilung des Beratungsscheins vor. Diesen Bindungen unterliegt die allgemeine Beratungsstelle im Sinne des § 2 SchKG nach Bundesrecht nicht.

Ein wesentlicher Unterschied zwischen allgemeiner Beratung gemäß § 2 SchKG und Konfliktberatung ist, dass nur nach durchgeführter Schwangerschaftskonfliktberatung im Sinne der §§ 5 ff. SchKG der für einen nach § 218a Abs. 1 StGB straffreien Schwangerschaftsabbruch erforderliche Beratungsschein ausgestellt werden kann. Die Inhalte der Konfliktberatung überschneiden sich teilweise mit der allgemeinen Beratung. Insbesondere im Hinblick auf die Möglichkeit der Hinzuziehung von Fachkräften zur Beratung gemäß § 6 Abs. 3 Nrn. 1 und 2 SchKG und auch auf die Qualitätssicherung, die aus den Anerkennungsvoraussetzungen für Schwangerschaftskonfliktberatungsstellen gemäß § 9 SchKG resultieren, bestehen allerdings nicht unerhebliche Unterschiede.

> Inhalte der Konfliktberatung sind gemäß § 5 SchKG das Eintreten in eine Konfliktberatung (dazu wird erwartet, dass die schwangere Frau der sie beratenden Person die Gründe mitteilt, derentwegen sie einen Abbruch der Schwangerschaft erwägt; der Beratungscharakter schließt aber aus, dass die Gesprächs- und Mitwirkungsbereitschaft der schwangeren Frau erzwungen wird); jede nach Sachlage erforderliche medizinische, soziale und juristische Information, die Darlegung der Rechtsansprüche von Mutter und Kind und der möglichen praktischen Hilfen, insbesondere solcher, die die Fortsetzung der Schwanger-

schaft und die Lage von Mutter und Kind erleichtern; das Angebot, die schwangere Frau bei der Geltendmachung von Ansprüchen, bei der Wohnungssuche, bei der Suche nach einer Betreuungsmöglichkeit für das Kind und bei der Fortsetzung ihrer Ausbildung zu unterstützen, sowie das Angebot einer Nachbetreuung; auf Wunsch der schwangeren Frau Unterrichtung auch über Möglichkeiten, ungewollte Schwangerschaften zu vermeiden. Soweit erforderlich, sind zur Beratung im Einvernehmen mit der schwangeren Frau weitere Personen hinzuzuziehen, insbesondere ärztlich, fachärztlich, psychologisch, sozialpädagogisch, sozialarbeiterisch oder juristisch ausgebildete Fachkräfte, Fachkräfte mit besonderer Erfahrung in der Frühförderung behinderter Kinder und andere Personen, insbesondere der Erzeuger sowie nahe Angehörige.

### 5.2.3. Landesrechtliche Vorgaben für psychosoziale Beratung

Das SchKG enthält keine konkreten Vorgaben für die Qualifikation von Beraterinnen, die ausschließlich die allgemeine Beratung nach § 2 SchKG anbieten. Dasselbe gilt für Beraterinnen an Beratungsstellen, die Konfliktberatung nach §§ 5 ff. SchKG durchführen. In § 9 Nr. 1 SchKG ist lediglich geregelt, dass eine staatliche Anerkennung von Schwangerschaftskonfliktberatungsstellen voraussetzt, dass die Beratungsstelle über „hinreichend persönlich und fachlich qualifiziertes und der Zahl nach ausreichendes Personal" verfügt.

Die Bundesländer haben zum SchKG Ausführungsgesetze und untergesetzliche Normen erlassen. Darin finden sich Regelungen, die sicherstellen, dass ein ausreichendes Angebot wohnortnaher Beratungsstellen für die Beratung nach § 2 SchKG zur Verfügung gestellt wird und die sowohl die Anerkennung von Beratungsstellen gemäß § 8 SchKG als auch die öffentliche Förderung der Personal- und Sachkosten regeln – beides Aufgaben, die das SchKG den Ländern (neben anderen) übertragen hat (§§ 3, 4 und 8 SchKG). In diesen Normen finden sich zumeist auch Vorgaben für die Qualifikation der Beraterinnen an Psychosozialen Beratungsstellen.

### 5.2.3.1. Qualifikationsvorgaben für Beraterinnen an Schwangerschaftskonfliktberatungsstellen gemäß § 8 SchKG

Die meisten Bundesländer haben die Vorgabe des § 9 Nr. 1 SchKG dahingehend konkretisiert, dass die Beratungsstelle über „hinreichend persönlich und fachlich qualifiziertes und der Zahl nach ausreichendes Personal" verfügen muss[41]. Regelmäßig verlangt die (gemäß § 9 SchKG notwendige) Anerkennung als Schwangerschaftskonfliktberatungsstelle, dass an der Beratungsstelle mindes-

---

41 Zu den landesrechtlichen Vorgaben im Einzelnen s. Anhang: Landesrechtliche Vorgaben für die Qualifikation psychosozialer Beraterinnen.

tens eine Beratungsfachkraft beschäftigt wird. Als Beratungsfachkräfte gelten in den meisten Bundesländern Diplompädagogen, Diplompsychologen, staatlich anerkannte Sozialpädagogen und staatlich anerkannte Sozialarbeiter. Das Diplom kann zum Beispiel durch einen Bachelor- (Sozialarbeit oder Pädagogik) oder Masterabschluss (Psychologie) ersetzt werden (so in Nordrhein-Westfahlen). Voraussetzung nach Landesrecht ist also in der Regel ein Hochschulabschluss (Universität oder Fachhochschule) in einem für psychosoziale Beratung einschlägigen Fach, wobei hiervon auch in begrenzten Umfang Ausnahmen möglich sind.

Ärzte können ebenfalls als Beratungsstellen im Sinne des § 8 SchKG anerkannt werden, wenn sie über die Examina hinaus weitere Voraussetzungen hinsichtlich beratungsspezifischer Fertigkeiten erfüllen.

Einige Bundesländer fordern von den Beratungsfachkräften eine zusätzliche Qualifikation für die Konfliktberatung, Beratungserfahrung sowie die Kenntnis von sozialen Hilfen, die schwangeren Frauen vor und nach der Geburt zustehen. Während ganz überwiegend die Träger durch Landesrecht dazu verpflichtet sind, für die regelmäßige Fortbildung ihrer Beratungsfachkräfte Sorge zu tragen, gilt das hinsichtlich der Teilnahme an Supervision nur in einigen Bundesländern.

### 5.2.3.2. Qualifikationsvorgaben für Beraterinnen, die allgemeine Beratung gemäß § 2 SchKG anbieten

Für Beraterinnen, die ausschließlich allgemeine Schwangerenberatung durchführen, bestehen in der Regel keine landesrechtlichen Qualifikationsvorgaben, vielmehr gelten überwiegend ähnliche oder auch dieselben Qualifikationsvorgaben wie für Beraterinnen an Schwangerschaftskonfliktberatungsstellen, also ein Hochschulabschluss (Universität oder Fachhochschule) in einem für psychosoziale Beratung einschlägigen Fach. Allerdings stellt die Anerkennungs- und Förderungspraxis fast überall sicher, dass an Beratungsstellen faktisch nur Beratungsfachkräfte tätig sind, die den Qualifikationsanforderungen für Schwangerschaftskonfliktberatung genügen. Das geschieht entweder über die Maßgabe, dass vorrangig oder auch ausschließlich solche Beratungsstellen anerkannt und auch mit öffentlichen Mitteln gefördert werden, die sowohl Konflikt- als auch allgemeine Schwangerenberatung anbieten. Oder aber die Regelung förderungsfähiger Personalkosten steuert über die Festlegung der Entgeltgruppe, welchen Abschluss Beratungsfachkräfte vorweisen können müssen.

Insgesamt kann somit davon ausgegangen werden, dass Beraterinnen, die gemäß § 2 SchKG beraten, aufgrund landesrechtlicher Vorgaben ebenfalls über die

Qualifikation als Diplompädagogen, Diplompsychologen, staatlich anerkannte Sozialpädagogen oder staatlich anerkannte Sozialarbeiter verfügen müssen; dasselbe gilt entsprechend für die Verpflichtung zur Fortbildung und Teilnahme an Supervision.

### 5.2.4. Zusammenfassung gesetzliche Grundlagen psychosozialer Beratung

Die gesetzlichen Vorgaben für psychosoziale Beratung beinhalten zunächst die formalen Grundlagen für Beratungsstellen und die Vorgaben für die Qualifikation der Beraterinnen. Durch die Qualifikationsvorgaben der Länder sind in der Praxis fachliche Standards sichergestellt, indem - abgesehen von Ärzten - nur solche Personen an Psychosozialen Beratungsstellen beraten, die im Rahmen ihrer Ausbildung (zum Beispiel Sozialpädagogik oder -arbeit) eine psychosoziale Grundausbildung absolviert haben.

Auch die Themenbereiche psychosozialer Beratung sind gesetzlich vorgegeben, indem bundesrechtlich geregelt ist, zu welchen Themen Psychosoziale Beratungsstellen Beratung anbieten müssen. Diese Vorgaben fallen jedoch für die allgemeine Schwangerenberatung (im Unterschied zur Konfliktberatung gemäß § 219 StGB), unter die die Beratung im Zusammenhang mit Pränataldiagnostik und Schwangerschaftsabbruch zu fassen ist, weitaus weniger ausführlich aus als die Regelungen zur ärztlichen Beratung aus SchKG, GenDG und der Beratungsrichtlinie der GEKO.

## 6. Berufsrechtliche und professionelle Grundlagen

Vorstehend wurden die gesetzlichen Vorgaben für ärztliche und psychosoziale Beratung im Kontext von Pränataldiagnostik und Schwangerschaftsabbruch dargestellt. Im Folgenden soll ein genaueres Bild der Beratung durch diese beiden Professionen gezeichnet werden, indem auf die berufsrechtlichen und professionsinternen Vorgaben zurückgegriffen wird. Hierbei handelt es sich um Regelungen unterschiedlichen Verbindlichkeitsgrads. Ein wesentlicher Unterschied zwischen den Professionen besteht darin, dass für Ärzte weitgehend einheitliche berufsrechtliche Regelungen gelten, beispielsweise im Rahmen der ärztlichen Fort- und Weiterbildung; für psychosoziale Beraterinnen gibt es dagegen keine zentralisierte Weiterbildung. Die Gestaltung der Weiterbildung obliegt vielmehr den Trägern Psychosozialer Beratungsstellen und ist so vielfältig wie die Trägerlandschaft selbst, womit Vorgaben hauptsächlich auf professioneller Ebene bestehen, außerhalb berufsrechtlicher Regelungen.

### 6.1. Berufsrechtliche Grundlagen ärztlicher Beratung

Für Ärzte bestehen auf verschiedenen Ebenen Vorgaben, die die ärztliche Beratung zum Inhalt haben. Teilweise geht es – so im Rahmen der Fort- und Weiterbildung – um allgemeine Inhalte der Fachrichtung Gynäkologie und Geburtshilfe, im Rahmen derer auch Kenntnisse hinsichtlich der Beratung vermittelt werden. Teilweise wurden sie konkret in Hinblick auf die Beratung im Kontext mit Pränataldiagnostik und Schwangerschaftsabbruch formuliert, so die Richtlinien zur pränatalen Diagnostik von Krankheiten und Krankheitsdispositionen (BÄK 1998b) und die Erklärung zum Schwangerschaftsabbruch nach Pränataldiagnostik (BÄK 1998a).

#### 6.1.1. Beratung im Rahmen der ärztlichen Fort- und Weiterbildung gemäß der (Muster-)Weiterbildungsordnung der Bundesärztekammer

##### 6.1.1.1. Facharzt für Frauenheilkunde und Geburtshilfe

Im Rahmen der Weiterbildung zum Facharzt für Frauenheilkunde und Geburtshilfe (die Weiterbildungszeit beträgt 60 Monate, BÄK 2010a, S. 56) sieht die Musterweiterbildungsordnung der BÄK als Weiterbildungsinhalt unter anderem den Erwerb von Kenntnissen, Erfahrungen und Fertigkeiten der Beratung bei Schwangerschaftskonflikten sowie der Indikationsstellung zum Schwangerschaftsabbruch unter der Berücksichtigung der gesundheitlichen einschließlich psychischen Risiken vor (BÄK 2010a, S. 53, nähere Ausführung finden sich in der Muster-Weiterbildungsordnung dazu nicht). Außerdem ist Teil der Facharzt-Qualifikation die „Psychosomatische Grundversorgung".

#### 6.1.1.2. Beratung im Rahmen Psychosomatischer Grundversorgung

Geht es um die Frage spezieller Fort- oder Weiterbildung von Ärzten im Hinblick auf die psychosoziale Beratung schwangerer Frauen, wird in der Regel die psychosomatische Grundversorgung genannt. Psychosomatische Grundversorgung versteht sich als Werkzeug des Arztes, „schichtweise von außen an das Problem der Patientin im Inneren heranzugehen, seine eigenen Gefühle wahrzunehmen, schrittweise die Diagnose zu sichern und die therapeutische Realität mit der Patientin abzustecken" (Haselbacher 2000, S. 65).

Ein 80 Stunden umfassender Kurs „Psychosomatische Grundversorgung" gehört zur ärztlichen Weiterbildung zum Facharzt für Frauenheilkunde und Geburtshilfe (BÄK 2010a, S. 52). Die Berechtigung, Maßnahmen der psychosomatischen Grundversorgung abzurechnen, erwerben Vertragsärzte durch den Nachweis von Praxiserfahrung sowie Weiterbildung. In § 5 Abs. 6 Psychotherapie-Vereinbarung (KBV 2007) wird die Vorgabe der 80-stündigen Kursweiterbildung aus der Muster-Weiterbildungsordnung der BÄK zur Psychosomatischen Grundversorgung aufgegriffen und weiter differenziert. So sind mindestens 20 Stunden Theorie, mindestens 30 Stunden Balint-Gruppenarbeit und 30 Stunden verbale Interventionstechnik gefordert.

Die Theorie beinhaltet die Vermittlung von Kenntnissen über Krankheitsbilder, die besonders häufig mit psychosozialen Aspekten verbunden sind. Ferner werden Kenntnisse zur Krankheitsbewältigung (*Coping*) vermittelt (Haselbacher 2000, S. 67 f., s.a. KBV 2007, § 5 Abs. 6 Nr. 1 Psychotherapievereinbarung). Die Balint-Gruppenarbeit dient der Reflexion der Arzt-Patientin-Beziehung und Selbsterfahrung (KBV 2007, § 5 Abs. 6 Nr. 1 Psychotherapievereinbarung). Durch die Schilderung von Fällen aus der eigenen Praxis in der Gruppe sollen Ärzte verschiedene Blickwinkel auf ihre Arbeit gewinnen, dadurch den Arzt in seiner therapeutischen Rolle stärken und gestörte Arzt-Patientin-Beziehungen sollen neu strukturiert werden (Haselbacher 2000, S. 68 f.). Im Sinne der „patientenorientierten Selbsterfahrung" soll der Arzt lernen, die nötige Distanz zur Patientin aufrecht zu erhalten („Kongruenz, ohne eins zu sein", Haselbacher 2000, S. 69), um sich auf Gefühle der Patientin einlassen zu können, ohne sich vor der eigenen Emotionalität fürchten zu müssen.

Ziel der Vermittlung von Kenntnissen in verbaler Interventionstechnik ist die Anleitung des Arztes, die Patientin zur Introspektion anzuregen, ihr also zu ermöglichen, Einsichten in psychosomatische Zusammenhänge zu erlangen und die Bedeutung krankmachender Konflikte zu erkennen (Haselbacher 2000, S. 69 f.).

Ohne speziell auf Beratung oder Beratung im Kontext von Pränataldiagnostik und Schwangerschaftsabbruch ausgerichtet zu sein, enthält die Weiterbildung zur „psychosomatischen Grundversorgung" somit verschiedene Elemente der Gesprächsführung und Reflexion der eigenen Person für Ärzte (Kentenich, Tandler-Schneider 2008), die für die Beratung schwangerer Frauen nutzbar gemacht werden können. Gleichwohl ist sie nicht gleichzusetzen mit einer psychosozialen Grundausbildung (wie zum Beispiel Sozialpädagogik oder Sozialarbeit); zum Teil wird sie als psychosoziale Basisqualifikation eingestuft (Thorn, Wischmann 2008; dem widersprechend Kentenich, Tandler-Schneider 2008).

### 6.1.1.3. „Schwerpunkt Spezielle Geburtshilfe und Perinatalmedizin"

Der Erwerb von Kenntnissen, Erfahrungen und Fertigkeiten (unter anderem) in der Beratung von Patientinnen und Paaren bei gezielten pränataldiagnostischen Fragestellungen sowie weiterführende Diagnostik ist Weiterbildungsinhalt bei der Erlangung der Bezeichnung „Schwerpunkt Spezielle Geburtshilfe und Perinatalmedizin", die an eine Weiterbildungszeit von drei Jahren geknüpft ist (BÄK 2010a, S. 56, ohne nähere Ausführungen).

### 6.1.1.4. „Psychotherapie fachgebunden"

Schließlich gibt es die Möglichkeit der Zusatzweiterbildung „Psychotherapie fachgebunden", die Vorbeugung, Erkennung und psychotherapeutische indikationsbezogene Behandlung von Erkrankungen umfasst, die durch psychosoziale Faktoren und Belastungsreaktionen bedingt sind (BÄK 2010a, S. 185). Voraussetzung ist eine Facharzt-Ausbildung; entsprechend ist der Weiterbildungsinhalt auf Erkrankungen des jeweiligen Gebietes ausgerichtet. Im Rahmen dieser Zusatzweiterbildung können Kenntnisse erworben werden, die für die Beratung im Kontext von Pränataldiagnostik eingesetzt werden können.

Die Muster-Weiterbildungsordnung schreibt für die Zusatzweiterbildung „Psychotherapie fachgebunden" 120 Stunden Theorie, 15 Doppelstunden Fallseminar, 100 Stunden Einzel- oder Gruppenselbsterfahrung, 10 dokumentierte und supervidierte Erstuntersuchungen, 120 Stunden supervidierte Verhaltenstherapie (davon mindestens drei abgeschlossene Fälle) sowie 16 Doppelstunden autogenes Training, progressive Muskelentspannung oder Hypnose und 15 Doppelstunden Balint- oder Gruppenarbeit vor (BÄK 2010a, S. 185 f.). Beratung konkret im Zusammenhang mit Pränataldiagnostik ist nicht Inhalt der Weiterbildung. Die nähere Ausgestaltung der Weiterbildung obliegt den Anbietern entsprechender Kurse.

### 6.1.2. Fortbildungen im Rahmen der Fortbildungsverpflichtung von Vertragsärzten gemäß § 95 d SGB V

Spezielle Fortbildungsangebote für Ärzte im Zusammenhang mit Beratung bei Pränataldiagnostik und Schwangerschaftsabbruch gibt es vor allem im Hinblick auf die Fortbildungsverpflichtung gemäß § 95d des fünften Sozialgesetzbuches[42] [SGB V].

Es gehört zu den Maßnahmen der Qualitätssicherung der vertragsärztlichen Versorgung, dass Vertragsärzte zur regelmäßigen fachlichen Fortbildung verpflichtet sind (KBV 2005, S. A 306; dies. 2009, S. A 844). Gemäß § 95d Abs. 3, § 95d Abs. 6 in Verbindung mit § 1 Abs. 3 der „Regelung der Fortbildungsverpflichtung der Vertragsärzte und Vertragspsychotherapeuten nach § 95d SGB V" (KBV 2005; dies., 2009) hat ein Vertragsarzt alle fünf Jahre gegenüber der Kassenärztlichen Vereinigung die Ableistung von Fortbildungen im vorgeschriebenen Umfang von mindestens 250 Fortbildungspunkten nachzuweisen[43]. Der Nachweis wird gemäß § 95d Abs. 2 S. 1 SGB V durch Fortbildungszertifikate der Ärztekammern erbracht. Veranstalter von Fortbildungsveranstaltungen können bei den Ärztekammern die Anerkennung der Veranstaltung mit Fortbildungspunkten beantragen.

Verschiedene Veranstalter bieten Fortbildungen im Kontext Beratung bei Pränataldiagnostik und Schwangerschaftsabbruch an. Die Anzahl der zu erwerbenden Fortbildungspunkte hängt von Ausgestaltung und Dauer der Veranstaltung ab.

Im Zusammenhang mit den Änderungen der Rechtslage durch die Einführung des § 2a SchKG und das GenDG hat zum Beispiel das Niedersächsische Ministerium für Soziales, Frauen, Familie, Gesundheit und Integration mehrere eintägige Fortbildungsveranstaltungen angeboten, die jeweils mit vier Fortbildungspunkten anerkannt wurden.

---

42 Fünftes Buch Sozialgesetzbuch - Gesetzliche Krankenversicherung - (Artikel 1 des Gesetzes vom 20. Dezember 1988, BGBl. I S. 2477), zuletzt geändert durch Artikel 1 des Gesetzes vom 3.4.2012 (BGBl. I S. 617).
43 Ein Fortbildungspunkt entspricht in der Regel einer Fortbildungseinheit von 45 Minuten (BÄK 2007, Anhang (Muster-)Satzungsregelung Fortbildung und Fortbildungszertifikat, § 6 Abs. 1).

Eine Langzeitfortbildung explizit auch für Ärzte bietet beispielsweise das Evangelische Zentralinstitut für Familienberatung an. Das auf zweieinhalb Jahre ausgelegte Curriculum „Psychosoziale Beratung im Kontext pränataler Diagnostik" ist auf die Vermittlung von beraterischer Kompetenz sowie die Befähigung von Kooperation und Vernetzung mit den Berufsgruppen ausgerichtet, die mit Pränataldiagnostik befasst sind (Evangelisches Zentralinstitut für Familienberatung 2013).

### 6.1.3. Richtlinien und Erklärung der Bundesärztekammer

Der BÄK stehen zur Regelung des Berufsrechtes verschiedene Instrumentarien zur Verfügung: Richtlinien, Leitlinien, Empfehlungen und Stellungnahmen. Ein Verstoß gegen Richtlinien kann berufsrechtliche Sanktionen nach sich ziehen, während Leitlinien (zu verstehen als Entscheidungshilfen) abweichendes Verhalten der Ärzte zulassen und Empfehlungen und Stellungnahmen die Aufmerksamkeit der Öffentlichkeit und Ärzteschaft auf änderungsbedürftige Sachverhalte lenken wollen und keine Handlungsvorgaben beinhalten. Um verbindliche Wirkung zu entfalten, müssen Richtlinien in die Berufsordnungen der Landesärztekammern übernommen werden. Im Kontext von Pränataldiagnostik hat die BÄK Richtlinien sowie eine Erklärung erlassen, die eine Empfehlung enthält. Beide beinhalten Vorgaben für die ärztliche Beratung.

#### 6.1.3.1. Richtlinien zur pränatalen Diagnostik von Krankheiten und Krankheitsdispositionen

Die „Richtlinien zur pränatalen Diagnostik von Krankheiten und Krankheitsdispositionen" von 1998 (BÄK 1998b) statuieren ärztliche Aufklärungs- und Beratungspflichten. Die Richtlinien ersetzen die Empfehlungen des Wissenschaftlichen Beirats der BÄK von 1987 (BÄK 1987). Die Überarbeitung erschien der BÄK erforderlich, weil sich seit 1987 das ärztliche Aufgabenfeld erweitert und differenziert habe und sich außerdem die rechtlichen und ethischen Rahmenbedingungen verändert hätten. Besonderes Anliegen und Anlass, die ursprüngliche Empfehlungen zu einer – rechtlich verbindlicheren – Richtlinie[44] auszugestalten, waren das Erfordernis besonderer Sachkenntnis der Ärzte zu genetischen, diagnostischen und therapeutischen Möglichkeiten in Wechselwirkung mit der zu-

---

44 Richtlinien der BÄK zählen als untergesetzliches Recht zum ärztlichen Berufsrecht und genießen den Rechtsstatus autonomen Satzungsrechts. Bindungswirkung erlangen die Richtlinien durch Implementierung in die Berufsordnungen der Landesärztekammern, so geschehen bei den Berufsordnungen der Landesärztekammern Hamburg (§ 13 Abs. 2 BO LÄK HH, Berufsordnung der Landesärztekammer Hamburg vom 27.03.2000 in der Fassung vom 20.02.2006, in Kraft getreten am 11.06.2006) sowie Mecklenburg-Vorpommern (§ 13 Abs. 2 BO LÄK MV, Berufsordnung der Landesärztekammer Mecklenburg-Vorpommern vom 20.05.2005, zuletzt geändert durch Satzung vom 6.3.2012).

nehmenden Patientenautonomie mit der Forderung nach informed consent, somit die Erkenntnis um Problematik und Tragweite der Entscheidungen, die im Zusammenhang mit Pränataldiagnostik zu fällen sind. Die Richtlinien wurden nicht an das GenDG (und auch nicht an die Änderung des SchKG) angepasst und sollen daher nur unter Beachtung der geänderten Rechtslage als Handlungsanleitung für die Fachkreise dienen.

Abschnitt 2 der Richtlinien formuliert die Inhalte ärztlicher Aufklärungs- und Beratungspflichten. Ziel ist es, dass die schwangere Frau eine qualifizierte aufgeklärte Entscheidung nach umfassender Beratung durch den Arzt treffen kann.

> Den Richtlinien sind im ersten Abschnitt die Ziele der pränatalen Diagnostik vorangestellt, nämlich Erkennung von Störungen der embryonalen und fetalen Entwicklung, um durch Früherkennung von Fehlentwicklungen eine optimale Behandlung zu ermöglichen. Ferner sollen Befürchtungen und Sorgen der schwangeren Frau hinsichtlich der Gesundheit des Ungeborenen objektiviert und abgebaut werden und schließlich soll der schwangeren Frau bei der Entscheidung über die Fortsetzung oder den Abbruch der Schwangerschaft geholfen werden.
> Daneben werden dem Arzt genaue Maßgaben zur Entscheidung über die Anwendung pränataler Diagnosemethoden an die Hand gegeben, indem der Umfang der Pränataldiagnostik definiert (Abschnitt 3 der Richtlinien) sowie intrauterine Therapien genannt werden (Abschnitt 7 der Richtlinien). In dem im Jahr 2003 neu formulierten Abschnitt 8 der Richtlinien (BÄK 2003) werden zudem Qualifikationsnachweise für die verschiedenen Bereiche der pränatalen Diagnostik gefordert. Abschließend werden durch die Chancen und Risiken der Pränatalmedizin hervorgerufene ethische Konflikte (Abschnitt 9) und juristische Aspekte (Abschnitt 10) schlaglichtartig dargestellt.

Unter der Überschrift „informierende und beratende Begleitung der Schwangeren" wird im zweiten Abschnitt ausführlich und für die verschiedenen Zeitpunkte im Einzelnen dargelegt, wann der Arzt die schwangere Frau über welche Aspekte informieren und beraten soll.
Danach ist vor Durchführung der „ungezielten" pränatalen Diagnostik wie zum Beispiel der Ultraschalluntersuchungen auf Entwicklungsstörungen eine „aufklärenden Beratung" vorzunehmen, deren Inhalte nicht weiter spezifiziert werden.
Vor Durchführung einer „gezielten" pränatalen Diagnostik sehen die Richtlinien eine ausführliche Beratung vor. Im Einzelnen werden als Beratungsinhalte hier aufgeführt: der Anlass für die Untersuchung, das Ziel und das Risiko der Unter-

suchung, die Grenzen der pränatalen diagnostischen Möglichkeiten und pränatal nicht erfassbare Störungen, die Sicherheit des Untersuchungsergebnisses, Art und Schweregrad möglicher oder vermuteter Störungen, Möglichkeiten des Vorgehens bei einem pathologischen Befund, psychologisches und ethisches Konfliktpotential bei Vorliegen eines pathologischen Befundes sowie Alternativen zur Nicht-Inanspruchnahme der invasiven pränatalen Diagnostik.

Nach pränataler Diagnose einer Erkrankung oder Entwicklungsstörung des Fetus ist wiederum ausführlich zu beraten, wobei unter Beratung im Wesentlichen die Vermittlung von Informationen verstanden wird. Beratungsinhalte nach den Richtlinien sind zu diesem Anlass Informationen über die Bedeutung des Befundes, über Ursache, Art und Prognose der Erkrankung oder Entwicklungsstörung des Kindes, über mögliche Komplikationen, über prä- und postnatale Therapie- und Förderungsmöglichkeiten, über Konsequenzen für die Geburtsleitung (Modus, Zeit und Ort) und über die Alternativen: Fortführung oder Abbruch der Schwangerschaft. Außerdem ist über Kontaktmöglichkeiten zu gleichartig Betroffenen und Selbsthilfegruppen sowie die Möglichkeiten der Inanspruchnahme medizinischer und sozialer Hilfe zu informieren.

Geht es im weiteren Verlauf um eine Entscheidung zur Fortführung der Schwangerschaft, soll der Arzt ferner über Behandlungsmöglichkeiten, gegebenenfalls intrauterine Therapiemöglichkeiten, informieren, im Einzelnen über nicht-invasive medikamentöse Behandlung des Fetus über die schwangere Frau, über invasive medikamentöse Behandlung des Kindes und über operative Maßnahmen. Besteht bereits die Entscheidung zum Abbruch der Schwangerschaft, sehen die Richtlinien Informationen über die Möglichkeiten der Durchführung des Abbruchs unter den gegebenen medizinischen und juristischen Rahmenbedingungen, über den Umgang mit dem toten Kind (z. B. Beerdigung) sowie über die Möglichkeiten einer eventuell erforderlichen psychotherapeutischen Nachsorge, gegebenenfalls unter Hinzuziehung von Selbsthilfegruppen sowie deren Vermittlung vor (BÄK 1998b).

Während für die in den Richtlinien für bestimmte Fälle ebenfalls vorgesehene humangenetische Beratung die Qualifikation als Facharzt für Humangenetik oder die Zusatzbezeichnung „Medizinische Genetik" gefordert wird, enthalten die Richtlinien für die sonstige ärztliche Beratung keine Qualifikationsvorgaben[45].

---

45 Anders ist das beispielsweise für den Bereich der Kinderwunschbehandlung. Die „(Muster-)Richtlinie zur Durchführung der assistierten Reproduktion" der BÄK (BÄK 2006) schreibt auf berufsrechtlicher Ebene ärztliche Beratung unter anderem über psychosoziale Aspekte im Zusammenhang mit künstlicher Fortpflanzung vor und fordert hierfür als Qualifikation die „Psychosomatische Grundversorgung".

### 6.1.3.2. Erklärung zum Schwangerschaftsabbruch nach Pränataldiagnostik

Die Erklärung der BÄK zum Schwangerschaftsabbruch nach Pränataldiagnostik (BÄK 1998a) wurde ebenfalls im Jahr 1998, zeitlich parallel zu den Richtlinien zur pränatalen Diagnostik von Krankheiten und Krankheitsdispositionen verfasst. Sie versteht sich als Hilfe für die betroffenen Ärzte, „die ethisch begründeten Grenzen ihrer Entscheidungs- und Handlungsspielräume im Hinblick auf Schwangerschaftsabbrüche nach Pränataldiagnostik abzustecken". Gleichzeitig soll sie eine Appellfunktion an die Öffentlichkeit und den Gesetzgeber hinsichtlich des Handlungsbedarfs zum Schutz kranken und behinderten Lebens erfüllen. Die Erklärung ist unverbindlich; sie enthält eine – ebenfalls unverbindliche – Empfehlung, die sich auf die Indikationsstellung gemäß § 218a Abs. 2 StGB bezieht, des Weiteren auf die Durchführung von Schwangerschaftsabbrüchen ab extrauteriner Lebensfähigkeit des Fetus sowie (an den Gesetzgeber gerichtet) die statistische Erfassung von Schwangerschaftsabbrüchen nach auffälligem pränatalem Befund und das Recht von Ärzten, die Mitwirkung am Schwangerschaftsabbrüchen zu verweigern.

> Im Unterschied zu den Richtlinien reagiert die Erklärung explizit auf die in drei wesentlichen Punkten als problematisch eingestuften Gesetzesänderungen des SFHÄndG von 1995, nämlich erstens: Wegfall der 22-Wochen-Frist bei embryopathisch indiziertem Schwangerschaftsabbruch gemäß § 218a StGB a.F.; zweitens: Wegfall der Beratungspflicht und damit der dreitägigen Frist zwischen Diagnose und Abbruch und drittens: Wegfall der speziellen statistischen Erfassung embryopathisch indizierter Schwangerschaftsabbrüche. In der mit den Änderungen einhergehenden Verschärfung der Problematik im Spannungsfeld von gesellschaftlichen Erwartungen, gesetzlichen Vorgaben und ärztlichem Ethos sieht die BÄK Anlass für konkrete Handlungsvorschläge für die Ärzteschaft, die die als korrekturbedürftig angesehenen Gesetzesänderungen „auffangen" sollen.

Die Erklärung formuliert im Wesentlichen Anforderungen an die Inhalte ärztlicher Beratung nach gesicherter Diagnose einer fetalen Erkrankung, Entwicklungsstörung oder Anlageträgerschaft. Ergebnisoffenheit und Nichtdirektivität werden als Grundvoraussetzung der Beratungen benannt. Die Erläuterungen zur Beratung umfassen auch die Inhalte der Aufklärung. Die Beratung soll dazu führen, dass die schwangere Frau eine Entscheidung über einen Schwangerschaftsabbruch in verantwortungsvoller Weise treffen kann, was eine umfassende Beratung und Aufklärung voraussetze.

Der Beratungskatalog umfasst neben der ärztlichen Aufklärung Gesprächsinhalte, die über die Vorgaben der Richtlinien der BÄK zur Pränataldiagnostik hinausgehen und die ähnlich in § 2 SchKG als Gesprächsinhalte für die allgemeine Beratung an Psychosozialen Beratungsstellen enthalten sind. Im Einzelnen sieht die Erklärung als Beratungsinhalte zunächst medizinische Inhalte vor, nämlich die Erläuterung des Befundes, die *Art* der Erkrankung, Entwicklungsstörung oder Anlageträgerschaft für eine Erkrankung, die *möglichen Ursachen* der Erkrankung, Entwicklungsstörung oder Anlageträgerschaft für eine Erkrankung, das zu erwartende klinische Bild mit dem Spektrum der Manifestationsformen und möglichen Schweregrade, die therapeutischen Möglichkeiten, die *möglichen Folgen* der Erkrankung, Entwicklungsstörung oder Anlageträgerschaft des Kindes für eine Erkrankung. Darüber hinaus sollen aber auch weitere, das Feld der medizinischen Information verlassende Inhalte in die Beratung einfließen, nämlich die möglichen Folgen für das Leben der schwangeren Frau und ihrer Familie, das Erleben und die Einschätzung der Erkrankung, Entwicklungsstörung oder Anlageträgerschaft für eine Erkrankung durch andere betroffene Personen, medizinische, psychosoziale und finanzielle Hilfsangebote, die Möglichkeiten der Vorbereitung auf das Leben mit dem kranken/behinderten Kind, auch im Hinblick auf das soziale Umfeld sowie Informationen über das Angebot der Vermittlung von Kontaktpersonen, Selbsthilfegruppen und anderen unterstützenden Stellen.

Auch der Abbruch der Schwangerschaft soll thematisiert werden, sofern der beratende Arzt den Eindruck hat, dass die Voraussetzungen der medizinischen Indikation nach § 218a Abs. 2 StGB gegeben sind.

Für den Fall, dass die schwangere Frau den Abbruch der Schwangerschaft erwägt oder wünscht, sind weitere Beratungsgespräche vorgesehen. In diesen soll über die formalen und rechtlichen Voraussetzungen eines Schwangerschaftsabbruchs informiert werden, insbesondere soll über den Rechtfertigungsgrund des § 218a Abs. 2 StGB aufgeklärt werden. Hintergrund für die Aufklärung über den Rechtfertigungsgrund ist, dass die BÄK die Gefahr eines Fehlverständnisses des § 218a Abs. 2 StGB sieht: dass nämlich bereits eine Krankheit oder Behinderung des Fetus zum Schwangerschaftsabbruch berechtige. Dieses Fehlverständnis werde durch die verbreitete Auffassung genährt, dass ein pathologischer fetaler Befund in der Regel für das Vorliegen der medizinischen Indikation des § 218a Abs. 2 StGB spräche (BÄK 1998a, S. A-3015).

Ferner sollen weitere Aspekt in die Beratungsgespräche einfließen, die sich zunächst wieder auf medizinische Bereiche beziehen, nämlich die Art und die Schwere der drohenden gesundheitlichen Gefährdung der schwangeren Frau,

Informationen über medizinische, psychosoziale und finanzielle Hilfsangebote, die es der schwangeren Frau ermöglichen können, die gesundheitliche Gefährdung auf andere Weise abzuwenden als durch einen Schwangerschaftsabbruch, die verschiedenen Methoden des Schwangerschaftsabbruchs und ihre jeweiligen Risiken, die möglichen psychischen Folgeprobleme und ihre Behandlungsmöglichkeit und schließlich bei fortgeschrittener Schwangerschaft die Möglichkeit der Geburt eines lebenden und lebensfähigen Kindes mit der ärztlichen Pflicht, das Kind zu behandeln sowie den durch den frühen Geburtszeitpunkt bedingten zusätzlichen gesundheitlichen Risiken für das Kind. Auch auf die Möglichkeit psychosozialer Betreuung nach einem Schwangerschaftsabbruch soll hingewiesen werden, ebenso wie auf die gesetzlichen Regelungen bei Lebend- und Totgeburt.

Wie inzwischen im SchKG vorgeschrieben, hat die BÄK bereits 1998 interdisziplinäre und multiprofessionelle Beratung empfohlen: bei Bedarf, so sieht die Erklärung vor, sollen Ärzte oder Berater spezieller Fachgebiete hinzugezogen werden.

### 6.1.3.3. Professionelle Grundlagen ärztlicher Beratung

Inhaltliche Vorgaben für die Beratung im Zusammenhang mit Pränataldiagnostik und Schwangerschaftsabbruch, die für die jeweiligen Mitglieder verbindlich sind, finden sich in den Leitlinien der Deutschen Gesellschaft für Ultraschall in der Medizin [DEGUM], und in denen der Deutschen Gesellschaft für Gynäkologie und Geburtshilfe [DGGG].

Vor der Ultraschalluntersuchung im Rahmen des Screenings gemäß den Mutterschafts-Richtlinien im zweiten Trimenon (Schwangerschaftswochen 19 bis 22), die nach den Leitlinien über die Anforderungen der Mutterschafts-Richtlinien hinausgeht, soll die schwangere Frau von Untersuchern der DEGUM-Qualifikationsstufe I gemäß des Abschnitts „Beratung" im Rahmen der „individuell zu gestaltenden Aufklärung" auf die Möglichkeiten und Grenzen dieser Ultraschalluntersuchung hingewiesen werden; und zwar insbesondere darauf, dass es sich bei dieser Untersuchung nicht um eine weiterführende differenzialdiagnostische Ultraschalldiagnostik handelt. Die Untersuchungsbedingungen sollen eingeschätzt und gegebenenfalls der schwangeren Frau die Bedeutung ungünstiger Sichtbedingungen erläutert werden, die beispielsweise bei adipöser oder narbiger Bauchdecke, bei Fruchtwasserreduktion oder bei ungünstiger fetaler Lage bestehen können. Diese Themen sind dem Bereich „Aufklärung" zuzu-

ordnen und betreffen die ärztliche Absicherung vor Haftungsansprüchen für den Fall, dass bei der Untersuchung etwas nicht gesehen wird (Eichhorn *et al.* 2002). Beim Nachweis von Hinweiszeichen auf fetale Fehlbildungen beziehungsweise der Diagnostik fetaler Erkrankungen, Entwicklungsstörungen oder Fehlbildungen, bei schwierigen Untersuchungsbedingungen oder beim Vorliegen von Indikationen für eine weiterführende differenzialdiagnostische Ultraschalldiagnostik soll der Arzt die schwangere Frau im Rahmen einer Beratung im Anschluss an die Ultraschalluntersuchung über die Möglichkeiten einer weiterführenden differenzialdiagnostischen Ultraschalluntersuchung auf Qualitätsniveau DEGUM-Stufe II oder III aufklären (Eichhorn *et al.* 2002).
Insgesamt sehen die Leitlinien der DEGUM für diese Untersuchung keine Vorgaben für Beratung, sondern eher für Aufklärung vor.

Für die weiterführende differenzialdiagnostische Ultraschalluntersuchung ebenfalls im zweiten Trimenon (Schwangerschaftswochen 18 bis 22) durch Untersucher der DEGUM-Qualifikationsstufe II sind neben den medizintechnischen Anforderungen auch die Inhalte der Beratung der schwangeren Frau definiert (Merz *et al.* 2002). Unter der Überschrift „Aufklärung bei pränataler Diagnostik" wird zwischen den Zeitpunkten vor und nach der Untersuchung differenziert. Vor der Untersuchung soll über Anlass, Ziel und Risiko der Untersuchung, über die Grenzen der pränatalen diagnostischen Möglichkeiten, über die Sicherheit des Untersuchungsergebnisses, über Art und Schweregrad möglicher oder vermuteter Störungen, über Möglichkeiten des Vorgehens bei einem pathologischen Befund sowie über Alternativen zur Nichtinanspruchnahme der invasiven pränatalen Diagnostik beraten werden und damit im Wesentlichen über medizinische Themen. Darüber hinaus soll das psychologische und ethische Konfliktpotential bei Vorliegen eines pathologischen Befundes angesprochen werden.
Nach der Untersuchung soll ein weiteres „Aufklärungsgespräch" erfolgen, sofern eine Fehlbildung nachgewiesen wurde. In diesem Gespräch sollen die Bedeutung des Befundes, Ursache, Art und Prognose der Erkrankung oder Entwicklungsstörung des Kindes, mögliche Komplikationen, prä- und postnatale Therapie- und Förderungsmöglichkeiten, Konsequenzen für die Geburtsleitung und damit wieder vorrangig medizinische Themen erörtert werden. Außerdem sollen die Alternativen Fortführung oder Abbruch der Schwangerschaft besprochen werden. Auch die Punkte Kontaktmöglichkeiten zu gleichartig Betroffenen und Selbsthilfegruppen sowie Möglichkeiten der Inanspruchnahme medizinischer und sozialer Hilfe sollen Inhalt des Gespräches sein.

Je nach Problemstellung sollte der schwangeren Frau und ihrem Partner eine weiterführende fachkompetente Beratung etwa durch einen Neonatologen oder Pädiater, Humangenetiker, Kinderchirurgen, Neurochirurgen, Kinderkardiologen oder einen Kinderurologen angeboten werden.

Ferner werden die Ärzte angewiesen, den Eltern „nach Information und Beratung eine angemessene Bedenkzeit bis zur Entscheidung zur Verfügung" zu stellen (Merz *et al.* 2002).

Vorgaben der Deutschen Gesellschaft für Gynäkologie und Geburtshilfe [DGGG] befassen sich ebenfalls mit Beratungs- und Aufklärungspflichten während der Schwangerenbetreuung. Sie sollen dem Arzt helfen, Fehler bei der Beratung und Aufklärung zu vermeiden und geben verschiedene Aufklärungs- und Beratungsthemen vor (DGGG 2008).

### 6.1.3.4. Zusammenfassung der berufsrechtlichen und professionellen Grundlagen ärztlicher Beratung

Standards zur Beratung schwangerer Frauen im Zusammenhang mit Pränataldiagnostik und Schwangerschaftsabbruch gibt es für Ärzte, die Mitglied der DEGUM sind, differenziert nach der Qualitätsstufe. Diese Vorgaben beschränken sich auf die Angabe der Inhalte, die in den Gesprächen berücksichtigt werden sollen und betreffen im Wesentlichen medizinische Informationen, die größtenteils eher einem Aufklärungs- denn Beratungsgespräch zuzuordnen sind.

Bei den berufsrechtlichen Grundlagen ärztlicher Beratung im Rahmen des Fortbildungsinhaltes „Psychosoziale Grundversorgung" finden sich Lehrinhalte, die sich speziell auf die Beratung von Patientinnen beziehen. Da die psychosoziale Grundversorgung (seit 2004) zur Fortbildung zum Facharzt für Gynäkologie und Geburtshilfe gehört, ist das die Qualifikation, die bei Ärzten in Hinblick auf Beratung am häufigsten anzutreffen ist. Wesentlich weiter als die Inhalte zur psychosozialen Grundversorgung gehen die Ausbildungsinhalte der Zusatzweiterbildung „Psychotherapie fachgebunden". In der gynäkologischen Praxis ist diese Qualifikation allerdings weitaus weniger verbreitet.

Sowohl die Richtlinien als auch die Erklärung der BÄK beschränken sich auf die Formulierung der Inhalte ärztlicher Beratung. Abgesehen von dem Paradigma ergebnisoffener und nichtdirektiver Beratung werden Vorgaben für die Methodik, etwa für anzuwendende Gesprächstechniken, nicht gegeben.

Im Ergebnis ist festzuhalten, dass trotz berufsrechtlicher Regelungen einheitliche Beratungsstandards für die ärztliche Beratung im Zusammenhang mit Pränataldiagnostik und Schwangerschaftsabbruch nicht existieren.

### 6.2. Professionelle Grundlagen psychosozialer Beratung

Anders als für Ärzte bestehen für Psychosoziale Beraterinnen keine einheitlichen berufsrechtlichen Regelungen. Das bedeutet allerdings nicht, dass psychosoziale Beratung ungeregelt sei. Im Gegenteil existiert auf berufsinterner Ebene eine Vielzahl qualitätssichernder Maßgaben unterschiedlicher Provenienz und unterschiedlichen Verbindlichkeitsgrades, die sich – wiederum anders als bei Ärzten – immer explizit auf Beratung beziehen, oftmals konkret auf Beratung im Zusammenhang mit Pränataldiagnostik. Die professionellen Grundlagen psychosozialer Beratung lassen sich durch eine Analyse der Vorgaben aus den für die institutionelle psychosoziale Beratungsarbeit einschlägigen Leitlinien verschiedener Träger von Beratungsstellen beschreiben[46]. Es stellt sich heraus, dass – abgesehen von einzelnen Abweichungen – im Wesentlichen übereinstimmende Regeln für die Beratung an Psychosozialen Beratungsstellen gelten. Da die Vorgaben keinem einheitlichen Konzept folgen, kann das Fehlen einzelner Elemente in bestimmten Regelwerken im Vergleich zu anderen nicht so verstanden werden, dass sie für die Beratung an diesen Beratungsstellen keine Rolle spielten. Insofern sollte die folgende Analyse nicht als abschließend betrachtet werden.

Während bei den Vorgaben für die ärztliche Beratung in erster Linie Beratungsinhalte festgelegt werden[47], ist der Rahmen in den Standards, Beratungskonzepten, Empfehlungen, Rahmenempfehlungen und -konzepten, Handlungsempfeh-

---

46 In die Analyse sind Regelwerke von folgenden Trägern Psychosozialer Beratungsstellen eingeflossen: Arbeiterwohlfahrt Bundesverband e.V. (Arbeiterwohlfahrt 2010); Deutscher Caritasverband, Sozialdienst katholischer Frauen (Deutscher Caritasverband 2000; Sozialdienst katholischer Frauen 2002; Fricke 2010); Diakonie, Evangelische Konferenz für Familien- und Lebensberatung e.V. (Diakonisches Werk der Evangelischen Kirche in Deutschland 2005; Diakonisches Werk der Evangelischen Kirche in Deutschland 2009); Bundesverband donum vitae e.V. (Bundesverband donum vitae e.V. 2007a, 2007b, 2011a, 2011b, 2001); pro familia (pro familia 2000, 2006a; 2006b); Deutsches Rotes Kreuz (Geier 2001) und Beratungsstellen in kommunaler Trägerschaft in NRW (Beratungsstellen in kommunaler Trägerschaft in NRW 2009).
47 So zum Beispiel in § 2a SchKG, §§ 10, 15 GenDG und in der „Richtlinie über die Anforderungen an die Qualifikation zur und Inhalte der genetischen Beratung gemäß § 23 Abs. 2 Nr. 2a und § 23 Abs. 2 Nr. 3 GenDG" (GEKO 2011b), aber auch in der Erklärung zum Schwangerschaftsabbruch nach Pränataldiagnostik sowie in den Richtlinien zur Pränatalen Diagnostik von Krankheiten und Krankheitsdispositionen (BÄK 1998a und BÄK 1998b).

lungen und Leitbildern, die für die institutionelle psychosoziale Beratung verfasst wurden, weiter gesteckt.
In diesen Regelwerken wird jeweils eine Basis für die darauf aufbauenden Anleitungen gelegt, indem Grundwerte, Grundhaltungen und Prinzipien für die Beratungsarbeit formuliert werden. Außerdem werden die Rahmenbedingungen für die Beratungsarbeit festgelegt. Als Voraussetzungen für die professionelle Beratung definieren die Träger Psychosozialer Beratungsstellen Qualifikationsvorgaben und Anforderungen hinsichtlich der fachlichen Kompetenz der Beratungsfachkräfte. Die Ziele psychosozialer Beratung werden definiert, teilweise explizit für die Beratung im Zusammenhang mit Pränataldiagnostik, und die dafür erforderlichen Arbeitsformen bestimmt, die zum Erreichen der Ziele an den Psychosozialen Beratungsstellen eingesetzt werden. Schließlich werden - eher exemplarisch - Beratungsinhalte benannt.

### 6.2.1. Grundwerte, -haltungen und Prinzipien

In den unterschiedlichen Regelwerken werden größtenteils übereinstimmende Grundwerte, Grundhaltungen und Prinzipien formuliert; zum Teil sind diese aber auch unterschiedlich bis hin zu gegensätzlich.
Mit großer Übereinstimmung nennen die Regelwerke den Respekt vor der Entscheidung der Frau als ein Prinzip psychosozialer Beratung (zum Beispiel Arbeiterwohlfahrt 2010; Fricke 2010, Ziff. 2.2.; Diakonisches Werk der Evangelischen Kirche in Deutschland 2009, Ziff. 3.1.; Bundesverband donum vitae e.V. 2011a; Beratungsstelen in kommunaler Trägerschaft in NRW 2009). Damit wird der Respekt vor jedweder Entscheidung der schwangeren Frau, sei sie für oder gegen Pränataldiagnostik, für oder gegen das Austragen der Schwangerschaft und damit für oder gegen einen Schwangerschaftsabbruch, zur Grundlage und Bedingung des Beratungsverhältnisses. Die Nennung der Wertschätzung der Ratsuchenden kann ebenfalls in diesem Zusammenhang gesehen werden (zum Beispiel Fricke 2010, Ziff. 2.2.).

In einigen Regelwerken wird ausdrücklich die Achtung der Würde der ratsuchenden Frau als grundlegendes Prinzip genannt (Geier 2001, S. 732), zum Teil in engem Zusammenhang mit dem Schutz des Lebens des Kindes (Deutscher Caritasverband 2000, Ziff. 1.3.; Bundesverband donum vitae e.V. 2011a). Hier kommt zum Ausdruck, in welchem Spannungsfeld sich Beratung im Kontext von Pränataldiagnostik und Schwangerschaftsabbruch bewegt.

In Hinblick auf das Beratungsgespräch wird, wieder in großer Übereinstimmung, das Prinzip der Ergebnisoffenheit des Beratungsgesprächs hervorgehoben (Arbeiterwohlfahrt 2010, Ziff. 2.1.; Deutscher Caritasverband 2000, Ziff. 3.2.; Fricke 2010, Ziff. 2.2.; Diakonisches Werk der Evangelischen Kirche in Deutschland 2009, Ziff. 3.1.; Bundesverband donum vitae e.V. 2007a, Ziff. 4).

> Nach dem allgemeinen Sprachgebrauch bedeutet ergebnisoffen „nicht von vornherein auf ein bestimmtes zu erzielendes Ergebnis festgelegt". Schwierigkeiten im Umgang mit der Ergebnisoffenheit ergeben sich für die Schwangerschafts*konflikt*beratung aufgrund der Vorgaben des § 219 StGB als dem Schutz des Lebens dienende Beratung. Eine vor diesem Hintergrund zu lesende Definition von Ergebnisoffenheit lautet: „Das bedeutet, dass die Beraterin oder der Berater der Ratsuchenden keine Lösung vorgeben, nicht moralisch belehren, keine Ratschläge erteilen oder gar versuchen, die Ratsuchenden zu etwas zu überreden. [...]" (Diakonisches Werk der Evangelischen Kirche in Deutschland 2009, Ziff. 3.1.).

Gleichwohl gibt es hier Unterschiede: In den Vorgaben (vor allem) der religiös unabhängigen Träger wird die Entscheidungsoffenheit als bedingungslose Voraussetzung für Beratung genannt. Bei den konfessionellen Trägern dagegen wird der Ergebnisoffenheit eine grundsätzliche Zielorientierung an die Seite gestellt, die nicht nur für die Schwangerschaftskonfliktberatung im Sinne des § 219 StGB in Verbindung mit §§ 5 ff. SchKG gilt. Ziel der Beratung ist bei diesen Trägern der Schutz des Lebens, zum Teil in einem umfassenden Sinn, also des Lebens des Kindes und der Frau (Deutscher Caritasverband 2000, Ziff. 1.4.; Fricke 2010, Ziff. 2.2.; Diakonisches Werk der Evangelischen Kirche in Deutschland 2009, Ziff. 3.1.; Bundesverband donum vitae e.V. 2011a; Bundesverband donum vitae e.V. 2007a, Ziff. 4). Hier spiegelt sich die Vorgabe des § 219 StGB wider. Danach dient die Beratung dem Schutz des Lebens. Entsprechend hat sie sich „von dem Bemühen leiten zu lassen, die Frau zur Fortsetzung der Schwangerschaft zu ermutigen und ihr Perspektiven für ein Leben mit dem Kind zu eröffnen" (Fricke 2010, Ziff. 2.2.; Diakonisches Werk der Evangelischen Kirche in Deutschland 2009, Ziff. 3.1.).

> Ergebnisoffenheit und Zielorientierung zusammenzubringen, fällt nicht leicht; die Begründungen, die hierzu angeführt werden, wirken bemüht: „In der Beratung im existenziellen Schwangerschaftskonflikt geht es darum, die Letztverantwortung der Frau/des Paares für das Kind zu stärken. Diese Zielorientierung ist und bleibt eine Vorgabe für jede einzelne Beratung, unabhängig davon, ob sie ihr Ziel erreicht oder nicht. Das bedeutet aber auch, dass am Beginn eines

Beratungsprozesses das Ergebnis noch nicht feststehen kann und damit jede Beratung in ihrem Ergebnis offen ist." (Deutscher Caritasverband 2000, Ziff. 1.4.)

Je nach Träger werden als Grundwerte die Orientierung am christlichen Menschenbild (Sozialdienst katholischer Frauen 2002, Ziff. 3.; Bundesverband donum vitae e.v. 2011a) oder aber weltanschauliche und religiöse Neutralität hervorgehoben (pro familia 2006b, S. 4; Beratungsstelen in kommunaler Trägerschaft in NRW 2009); auch Unabhängigkeit wird in diesem Zusammenhang genannt (Arbeiterwohlfahrt 2010; Geier 2001, S. 732), zum Teil ausdrücklich als parteipolitische (pro familia 2006b, S. 4; Geier 2001, S. 732) und fachliche (Diakonisches Werk der Evangelischen Kirche in Deutschland 2005, S. 23).

Ebenfalls als Prinzip psychosozialer Beratung wird die Freiwilligkeit der Beratung benannt (zum Beispiel Arbeiterwohlfahrt 2010; Fricke 2010, Ziff. 2.2.; pro familia 2006b, S. 7). Durch die Beratungspflicht im Falle des Schwangerschaftsabbruchs gemäß § 218a Abs. 1 StGB wird dieses Prinzip als verletzt angesehen.

In einigen Regelwerken wird das explizit als den Grundvoraussetzungen einer gelingenden Beratung zuwiderlaufend kritisiert (zum Beispiel Arbeiterwohlfahrt 2010; pro familia 2006a, S. 8, S. 17 ff.).

Sehr deutlich wird in den Vorgaben katholischer Träger die Ablehnung des Schwangerschaftsabbruchs zum Ausdruck gebracht (Fricke 2010, Ziff. 2.2.). Im direkten Zusammenhang mit der Beratung im Kontext von Pränataldiagnostik spricht sich ein weiterer Träger außerdem ausdrücklich gegen jede Form von Eugenik aus (pro familia 2006b, S. 11).

### 6.2.2. Rahmenbedingungen

Die Rahmenbedingungen institutioneller psychosozialer Beratung setzen den groben, weiter ausfüllungsbedürftigen Rahmen für die Beratungsarbeit. Hierunter werden zum einen die für die institutionelle psychosoziale Beratung geltenden gesetzlichen Vorgaben gefasst (zum Beispiel Arbeiterwohlfahrt 2010, Ziff. 1; Beratungsstellen in kommunaler Trägerschaft in NRW 2009; pro familia 2006b, S. 8), aber auch die eigenen internen Standards und Grundsätze (zum Beispiel Arbeiterwohlfahrt 2010, Ziff. 1; pro familia 2006b, S. 8).
Einige Träger integrieren darüber hinaus auch extern formulierte fachliche Standards, wie zum Beispiel die „Regeln fachlichen Könnens in der Psychosozialen

Beratungsarbeit" (Ministerium für Arbeit, Gesundheit und Soziales des Landes Nordrhein-Westfalen 1994, vgl. Arbeiterwohlfahrt 2010, Ziff. 1.), die fachlichen Standards der institutionellen Beratung des Deutschen Arbeitskreises für Jugend-, Ehe- und Familienberatung (vgl. pro familia 2006b, S. 8), das „Psychosoziale Beratungsverständnis" der Arbeitsgemeinschaft Beratungswesen (Deutscher Arbeitskreis für Jugend-, Ehe- und Familienberatung Arbeitsgemeinschaft Beratungswesen 2003, vgl. pro familia 2006b, S. 8) oder generell „anerkannte Fachstandards für psychosoziale Beratung" (Diakonisches Werk der Evangelischen Kirche in Deutschland 2009, Ziff. 3.1.).

Wichtige Rahmenbedingung für die Arbeit aller Psychosozialen Beratungsstellen sind Kooperation und Vernetzung. Darunter wird die Vernetzung mit internen und externen Ressourcen verstanden, was Zusammenarbeit mit verschiedenen Institutionen und Berufsgruppen zum Beispiel mit Ärzten, Hebammen, Krankenhäusern, humangenetischen Beratungsstellen, Juristen, einschlägigen Fachverbänden, mit anderen Psychosozialen Beratungsstellen, sozialen Diensten und auch die Vernetzung mit (anderen) Ämtern umfasst. Dazu gehört gegebenenfalls auch die Verweisung der schwangeren Frau an die Netzwerk- und Kooperationspartner (vgl. Arbeiterwohlfahrt 2010, Ziff. 6.2.; Deutscher Caritasverband 2000, Ziff. 5.5. und 5.7.; Sozialdienst katholischer Frauen 2002, Ziff. 8.2.; Fricke 2010, Ziff. 3.; Diakonisches Werk der Evangelischen Kirche in Deutschland 2005, S. 17 und S. 26; Diakonisches Werk der Evangelischen Kirche in Deutschland 2009, Ziff. 2.4. und 4.; Bundesverband donum vitae e.V. 2007a; Bundesverband donum vitae e.V. 2011b, Ziff. 6; pro familia 2006b, S. 8; Beratungsstelen in kommunaler Trägerschaft in NRW 2009).

### 6.2.3. Qualifikation und fachliche Kompetenz

Beratung ist kein Beruf, der an eine bestimmte Qualifikation geknüpft wird; eine einheitliche Ausbildung zur Beraterin existiert nicht[48]. An Psychosozialen Beratungsstellen wird die Beschäftigung als Beratungsfachkraft in der Regel an ein abgeschlossenes Hochschul- oder Fachhochschulstudium geknüpft.

Als Qualifikationsvoraussetzung werden genannt: Diplom-Sozialarbeiterin / -Sozialpädagogin; Sozialarbeiter / Sozialpädagoge, Diplompsychologinnen, Diplompädagogin und Ärztinnen (vgl. Arbeiterwohlfahrt 2010, Ziff. 5.1.; Deutscher Caritasverband 2000, Ziff. 5.1.; Sozialdienst katholischer Frauen 2002, Ziff. 8.3.; Diakonisches Werk der Evangelischen Kirche in Deutschland 2005 S. 22;

---

48 Einige Hochschulen bieten inzwischen eine „Master of counselling" an, hierzu Zwicker-Pelzer 2009a und 2009b.

Diakonisches Werk der Evangelischen Kirche in Deutschland 2009, Ziff. 3.1.; Bundesverband donum vitae e.V. 2011b, Ziff. 5.2.; pro familia 2006b, S. 9; Geier 2001, S. 731 f.). Zum Teil können auch die Ausbildung als Eheberaterin, Hebamme, Krankenschwester oder vergleichbare Ausbildungsgänge anerkannt werden (Diakonisches Werk der Evangelischen Kirche in Deutschland 2005, S. 22; pro familia 2006b, S. 9.).

Weitere Voraussetzung ist die Teilnahme an Fortbildungen, Weiterqualifizierungsmaßnahmen, eine beraterische oder therapeutische Zusatzausbildung und/oder mehrjährige Berufserfahrung und/oder eine abgeschlossene Zusatzqualifikation für Konflikt- und Krisenberatung (Arbeiterwohlfahrt 2010, Ziff. 5.1.; Deutscher Caritasverband 2000, Ziff. 5.1.; Sozialdienst katholischer Frauen 2002, Ziff. 8.3.; Diakonisches Werk der Evangelischen Kirche in Deutschland 2005, S. 22; Diakonisches Werk der Evangelischen Kirche in Deutschland 2009, Ziff. 3.1.; Bundesverband donum vitae e.V. 2011b, Ziff. 5.2.; Bundesverband donum vitae e.V. 2001, Ziff. I.; Geier 2001, S. 731 f.).

Auch die regelmäßige Teilnahme an Supervision wird für Beratungsfachkräfte vorausgesetzt (Sozialdienst katholischer Frauen 2002, Ziff. 8.3.; Deutscher Caritasverband 2000, Ziff. 5.3.; Diakonisches Werk der Evangelischen Kirche in Deutschland 2005, S. 22; Bundesverband donum vitae e.V. 2011b, Ziff. 5.2.; Geier 2001, S. 731 f.).

Neben der Qualifikation werden besondere Anforderungen an die fachliche Kompetenz der Beratungsfachkräfte gestellt. Das betrifft zum einen fachliches Wissen - gefordert werden kontextbezogene fachspezifische Kenntnisse insbesondere im Hinblick auf medizinische, psychologische, juristische und soziale Fragen (Arbeiterwohlfahrt 2010, Ziff. 5.2.; Deutscher Caritasverband 2000, Ziff. 4.1; Sozialdienst katholischer Frauen 2002, Ziff. 8.3.; Diakonisches Werk der Evangelischen Kirche in Deutschland 2009, Ziff. 3.1.; Bundesverband donum vitae e.V. 2011b, Ziff. 5.2.; Beratungsstellen in kommunaler Trägerschaft in NRW 2009; Geier 2001, S. 731 f.).

Zum anderen werden methodische Kompetenzen etwa für personenzentrierte Gesprächsführung, für die Einzel-, Paar- und Mehrpersonenberatung, Krisenintervention und die Befähigung zum Umgang mit Ambivalenzen, Verlust und Trauer verlangt (Deutscher Caritasverband 2000, Ziff. 4.1; Sozialdienst katholischer Frauen 2002, Ziff. 8.3.; Bundesverband donum vitae e.V. 2011b, Ziff. 5.2.; Geier 2001, S. 731 f.).

Schließlich gehören auch soziale Kompetenzen wie die zur Bewertung der eigenen Arbeit durch Supervision und Evaluation zu den Anforderungen an Beratungsfachkräfte (Arbeiterwohlfahrt 2010, Ziff. 5.2.; Deutscher Caritasverband 2000, Ziff. 4.1.).
Um eine breitgefächerte fachliche Kompetenz an einer Beratungsstelle sicherzustellen, wird außerdem auf das gemeinsame Wissen multidisziplinärer Fachteams zurückgegriffen (Deutscher Caritasverband 2000, Ziff. 4.1.; Diakonisches Werk der Evangelischen Kirche in Deutschland 2005, S. 23; Bundesverband donum vitae e.V. 2007a, Ziff. 5).

#### 6.2.4. Ziele psychosozialer Beratung

Anhand der Vorgaben der Träger für die Beratung an Psychosozialen Beratungsstellen sind verschiedene Ziele psychosozialer Beratung auszumachen. Sie lassen sich unterteilen in Ziele, die auf die Handlungsfähigkeit der schwangeren Frau bezogen sind, Ziele, die auf die Entscheidungsfindung bezogen sind, Ziele, die auf die Verantwortung bezogen sind und Ziele, die die (Lebens-)Perspektive der schwangeren Frau betreffen.

Psychosoziale Beratung soll die Handlungskompetenz der schwangeren Frau (wieder-)herstellen, die sich insbesondere nach Mitteilung eines auffälligen pränatalen Befundes in einem Konflikt befindet (Deutscher Caritasverband 2000, 1.3.; Fricke 2010, Ziff. 2.2). Um dieses Ziel zu erreichen, soll psychosoziale Beratung emotional stabilisieren (Fricke 2010, Ziff. 2.2). In diesem Zusammenhang sind auch die Ziele Überwindung von Lähmung und Panik sowie der Umgang mit emotionalen, ethisch/moralischen und sozialen Konflikten sowie Ängsten als weitere Ziele psychosozialer Beratung zu sehen (Deutscher Caritasverband 2000, 1.3.; Sozialdienst katholischer Frauen 2002, Ziff. 5 und Ziff. 6.1.).
In Hinblick auf die von der schwangeren Frau zu treffenden Entscheidung soll psychosoziale Beratung ambivalente Motivationen klären (Arbeiterwohlfahrt 2010, Ziff. 4.2.6.; Deutscher Caritasverband 2000, 1.3.; Sozialdienst katholischer Frauen 2002, Ziff. 5.) und die Entscheidungskompetenz der schwangeren Frau stärken (Fricke 2010, Ziff. 2.2; Deutscher Caritasverband 2000, Ziff. 3.3.1.; Sozialdienst katholischer Frauen 2002, Ziff. 6.1.; Diakonisches Werk der Evangelischen Kirche in Deutschland 2009, Ziff. 3.1.; Bundesverband donum vitae e.V. 2007a, Ziff. 4.).
Psychosoziale Beratung soll dazu beitragen, dass die von der schwangeren Frau zu treffende Entscheidung bewusst erfolgt (Fricke 2010, Ziff. 2.2; Diakonisches Werk der Evangelischen Kirche in Deutschland 2005, S. 15; „gewissenhaft":

Bundesverband donum vitae e.V. 2007a, Ziff. 4.2.; „selbstbestimmt": pro familia 2006b, S. 15). Dabei will psychosoziale Beratung auch informieren (Diakonisches Werk der Evangelischen Kirche in Deutschland 2005, S. 15), um der Frau zu ermöglichen, einen Überblick über verschiedene Handlungsmöglichkeiten zu gewinnen (Sozialdienst katholischer Frauen 2002, Ziff. 5; Diakonisches Werk der Evangelischen Kirche in Deutschland 2009, Ziff. 3.1.) und eine informierte Entscheidung zu treffen: sei es über die Inanspruchnahme pränataler Diagnostik oder den Abbruch der Schwangerschaft (Sozialdienst katholischer Frauen 2002, Ziff. 5; Fricke 2010, Ziff. 2.2; pro familia 2006b, S. 13; pro familia 2000 S. 4).

Wichtiges Ziel psychosozialer Beratung ist, dass die zu treffende Entscheidung tragfähig ist (Deutscher Caritasverband 2000, 1.3.; Fricke 2010, Ziff. 2.2; Diakonisches Werk der Evangelischen Kirche in Deutschland 2009, Ziff. 3.1.; pro familia 2006b, S. 13; pro familia 2000 S. 4). Dazu gehört auch die Stärkung der Eigenverantwortung – eines der am häufigsten genannten Ziele psychosozialer Beratung (Arbeiterwohlfahrt 2010, Ziff. 2.1.; Sozialdienst katholischer Frauen 2002, Ziff. 6.1; Deutscher Caritasverband 2000, Ziff. 1.4.; Diakonisches Werk der Evangelischen Kirche in Deutschland 2009, Ziff. 3.1.; Bundesverband donum vitae e.V. 2007a, Ziff. 4.2.; pro familia 2006b, S. 15; Geier 2001, S. 732; als Entscheidungsverantwortung: Sozialdienst katholischer Frauen 2002, Ziff. 3.).

Für die aktuell anstehende Entscheidung ebenso relevant wie für die längerfristige Perspektive sind einige weitere Ziele, die psychosoziale Beratung im Kontext von Pränataldiagnostik und Schwangerschaftsabbruch verfolgt. Dazu gehört zunächst die Stärkung der Eigenkompetenz (Sozialdienst katholischer Frauen 2002, Ziff. 3; Bundesverband donum vitae e.V. 2007a, Ziff. 4.). Psychosoziale Beratung soll darüber hinaus der Frau einen Weg zeigen, Abhängigkeiten zu überwinden (Arbeiterwohlfahrt 2010, Ziff. 2.1.; Deutscher Caritasverband 2000, Ziff. 1.3.); auch: Unabhängigkeit von gesellschaftlichen Trends zu erreichen (Deutscher Caritasverband 2000, 1.3.).

Als weiteres Ziel psychosozialer Beratung nennen die Träger, der Frau Ressourcen zur Bewältigung der Situation aufzuzeigen oder zu stärken (Arbeiterwohlfahrt 2010, Ziff. 2.1.; Fricke 2010, Ziff. 2.2; Sozialdienst katholischer Frauen 2002, Ziff.6.1.; Bundesverband donum vitae e.V. 2007a, Ziff. 4.; Beratungsstelen in kommunaler Trägerschaft in NRW 2009) und mit ihr gemeinsam eine Lebensperspektive zu entwerfen (Arbeiterwohlfahrt 2010, Ziff. 4.2.6.; Deutscher

Caritasverband 2000, Ziff. 1.3.; Bundesverband donum vitae e.V. 2007a, Ziff. 4.). Ganz konkretes Ziel eines Trägers ist es, zur Überwindung von Fremdbestimmung ein persönliches Netzwerk für die schwangere Frau aufzubauen (Deutscher Caritasverband 2000, 5.5).
Wenn die Inanspruchnahme pränataler Diagnostik durch die schwangere Frau als konflikthaft erlebt wird, kann das zu einem Verlust der Beziehung zum Kind führen. In diesen Fällen wird auch die Wiederaufnahme der Mutter-Kind-Beziehung als Ziel psychosozialer Beratung genannt (Sozialdienst katholischer Frauen 2002, Ziff. 5 und Ziff. 6.1.; Diakonisches Werk der Evangelischen Kirche in Deutschland 2009, Ziff. 3.1.).

**6.2.5. Inhalte, Arbeitsformen und Methoden psychosozialer Beratung**
Die verschiedenen Regelwerke zeigen auf, mithilfe welcher Methoden und Arbeitsformen die Ziele psychosozialer Beratung im Zusammenhang mit Pränataldiagnostik und Schwangerschaftsabbruch erreicht werden sollen. Daneben gibt es Angaben möglicher Inhalte psychosozialer Beratung; dazu gehört auch, aber nicht in erster Linie, die Vermittlung von Informationen.

Grundsätzlich bestimmt bei psychosozialer Beratung die schwangere Frau die Beratungsinhalte (vgl. zum Beispiel Diakonisches Werk der Evangelischen Kirche in Deutschland 2009, Ziff. 3.1.). Aus diesem Grund geben die Regelwerke psychosozialen Beraterinnen nicht abzuarbeitende Beratungsinhalte vor, sondern nennen lediglich beispielhaft, welche Themen Inhalt dieser Beratungsgespräche werden können.
Informationen, die Inhalt eines psychosozialen Beratungsgesprächs sein können, beziehen sich auf rechtliche und soziale Fragestellungen, bei letzteren geht es insbesondere um Informationen über (und Erschließung von) finanzielle(n) Hilfen (Arbeiterwohlfahrt 2010, Ziff. 4.2.5. und 4.2.6.; Deutscher Caritasverband 2000, Ziff. 1.5.; Sozialdienst katholischer Frauen 2002, Ziff. 6.1.; Diakonisches Werk der Evangelischen Kirche in Deutschland 2005, S. 15; pro familia 2006b, S. 6) und auch um Information über und Weitervermittlung an andere Stellen wie zum Beispiel humangenetische Beratungsstellen, Ärzte, Hebammen oder andere Institutionen (Diakonisches Werk der Evangelischen Kirche in Deutschland 2005, S. 15; pro familia 2006b, S. 6).
Wichtig für psychosoziale Beratung sind in besonderer Weise medizinische Informationen, vor allem zur Pränataldiagnostik (Arbeiterwohlfahrt 2010, Ziff. 4.2.6; Diakonisches Werk der Evangelischen Kirche in Deutschland 2005, S. 15) und zum Schwangerschaftsabbruch (Diakonisches Werk der Evangelischen Kir-

che in Deutschland 2005, S. 15), wobei zuweilen die Unabhängigkeit dieser Informationen betont wird (Arbeiterwohlfahrt 2010, Ziff. 4.2.6). Die Information über das Recht auf Nichtwissen wird in diesem Zusammenhang ebenfalls ausdrücklich erwähnt (Deutscher Caritasverband 2000, Ziff. 3.3.1.). Neben der Vermittlung von Informationen ist auch die Vermittlung konkreter Hilfen Inhalt von Beratungsgesprächen (Deutscher Caritasverband 2000, Ziff. 1.5.; Fricke 2010, Ziff. 2.2.; Bundesverband donum vitae e.V. 2007a; Ziff. 4.; pro familia 2006b, S. 6).

Abschied und Trauerarbeit gehören ebenso zu den Inhalten psychosozialer Beratung wie die Vorbereitung auf das Leben mit einem behinderten Kind oder aber auf den bevorstehenden Schwangerschaftsabbruch (Fricke 2010, Ziff. 2.2.; Diakonisches Werk der Evangelischen Kirche in Deutschland 2005, S. 15). Auch Paarkonflikte können Inhalt psychosozialer Beratung im Zusammenhang mit Pränataldiagnostik und Schwangerschaftsabbruch werden (Diakonisches Werk der Evangelischen Kirche in Deutschland 2009, Ziff. 3.1.).

In der Regel kommen schwangere Frauen bereits mit einer Fülle medizinischer Informationen in die psychosoziale Beratung. Beratung soll in diesen Fällen dabei helfen, die Informationen zu verstehen und sie in die eigenen Lebens- und Wertentscheidungen zu integrieren (Diakonisches Werk der Evangelischen Kirche in Deutschland 2009, Ziff. 2.4. und Ziff. 3.1.).

Maßgebliche Arbeitsform psychosozialer Beratung ist, weil Anlass für das Beratungsgespräch im Zusammenhang mit Pränataldiagnostik und Schwangerschaftsabbruch in der Regel eine (kurzfristig) bevorstehende Entscheidung der schwangeren Frau ist, die Begleitung dieser Entscheidung (Sozialdienst katholischer Frauen 2002, Ziff. 5.3.; Fricke 2010, Ziff. 2.2.). In diesem Rahmen geht es zunächst um die Reflektion der Situation, in der sich die schwangere Frau aktuell befindet (Arbeiterwohlfahrt 2010, Ziff. 4.2.6; Fricke 2010, Ziff. 2.2.). Dabei sollen Zeit und Raum gegeben werden, widerstreitenden Gefühlen nachzugehen (Arbeiterwohlfahrt 2010, Ziff. 4.2.6; Fricke 2010, Ziff. 2.2.; Diakonisches Werk der Evangelischen Kirche in Deutschland 2009, Ziff. 3.1.), Zweifel, Schuldgefühle und Selbstvorwürfe auszusprechen (Diakonisches Werk der Evangelischen Kirche in Deutschland 2009, Ziff. 3.1.) und Trauer (Sozialdienst katholischer Frauen 2002, Ziff. 6.1.; Diakonisches Werk der Evangelischen Kirche in Deutschland 2009, Ziff. 3.1.) und traumatisierende Erlebnisse zu verarbeiten (Bundesverband donum vitae e.V. 2007a; Ziff. 4.).

Neben der Entscheidungsbegleitung ist eine weitere praktizierte Arbeitsform psychosozialer Beratung die Eröffnung von Handlungsspielräumen (Fricke 2010, Ziff. 2.2.). Vorhandene Handlungsmöglichkeiten sollen kritisch betrachtet (Arbeiterwohlfahrt 2010, Ziff. 4.2.6) und abgewogen werden (Sozialdienst katholischer Frauen 2002, Ziff. 5.3.).
Als weitere Arbeitsform ist die Ressourcenarbeit zu nennen. Ressourcen sind zu erschließen (Sozialdienst katholischer Frauen 2002, Ziff. 5.3.; Bundesverband donum vitae e.V. 2007a; Ziff. 4.; pro familia 2006b, S. 6) und Bewältigungsstrategien zu erarbeiten (Sozialdienst katholischer Frauen 2002, Ziff. 5.3.). Stehen Ergebnisse einer pränatalen Untersuchung aus, soll psychosoziale Beratung dabei helfen, die Wartezeit zu überstehen (Diakonisches Werk der Evangelischen Kirche in Deutschland 2009, Ziff. 3.1.).

Methodisch knüpft psychosoziale Beratung an psychologische, psychotherapeutische und pädagogische Ansätze an (Deutscher Caritasverband 2000, Ziff. 1.5.; Diakonisches Werk der Evangelischen Kirche in Deutschland 2005, S. 14).
Es sollen verschiedene Beratungssettings (Einzel-, Paar- und Familienberatung) angeboten werden (pro familia 2006b, S. 6). In den Vordergrund der Beratungsgespräche wird ein ganzheitlicher Ansatz gestellt, bei dem die schwangere Frau in ihrem lebensweltlichen und lebensgeschichtlichen Zusammenhang gesehen wird (Deutscher Caritasverband 2000, Ziff. 1.5.).
Die Beratung soll ein dialogischer Prozess sein (Deutscher Caritasverband 2000, Ziff. 1.4.; Bundesverband donum vitae e.V. 2007a; Ziff. 4.); strukturiert, aber nicht restriktiv (Sozialdienst katholischer Frauen 2002, Ziff. 5.3.), außerdem ressourcenorientiert (Deutscher Caritasverband 2000, Ziff. 1.5.).

Das Gespräch sollen professionelle Empathie und Distanz prägen (Diakonisches Werk der Evangelischen Kirche in Deutschland 2009, Ziff. 3.1.). Die Gesprächsführung soll personenzentriert erfolgen (Bundesverband donum vitae e.V. 2007a; Ziff. 4.; Geier 2001, S. 731 f.).
Schließlich gehört die Krisenintervention zum festen Methodenspektrum psychosozialer Beratung (Diakonisches Werk der Evangelischen Kirche in Deutschland 2005, S. 14).

Aus dem Fortbildungsprogramm von donum vitae (Bundesverband donum vitae e.V. 2001, Anlage V a) ergibt sich, welche Methoden die Beraterinnen für die Beratung im Zusammenhang mit Pränataldiagnostik und Schwangerschaftsabbruch einzusetzen in der Lage sein sollen. Genannt werden hier die Vermittlung von Gesprächsmethoden (Gesprächsführung / Gestalttherapie / systemische Beratung / Kurzzeittherapie). Kursinhalt ist (neben anderen Inhalten) Methodenarbeit (lösungsorientierte Kurzzeitansätze in Verbindung mit Kommunikation und Gesprächsführung / Konfliktberatung, Konfliktkonzepte, Konfliktanalyse, Konfliktbearbeitung / Krisenintervention; Paar - und Mehrpersonenberatung / familiensystemische Ansätze; zielgruppenorientierte Didaktik).

### 6.2.6. Zusammenfassung der professionellen Grundlagen psychosozialer Beratung

Obwohl es keine zentralen Regelungen für institutionalisierte Beratung gibt, zeigt sich, dass an Psychosozialen Beratungsstellen ein weitgehend einheitlicher Beratungsstandard vorgegeben wird – trotz der Unterschiede insbesondere zwischen religiösen und neutralen Beratungsstellen. Die Regelwerke zielen kaum auf die Vorgabe von Beratungsinhalten, sondern formulieren vielmehr Grundwerte, -haltungen und Prinzipien, Rahmenbedingungen, notwendige Qualifikationen und fachliche Kompetenzen, Ziele psychosozialer Beratung sowie von den Beraterinnen einzusetzende Arbeitsformen und Methoden. Die Professionalität psychosozialer Beratung kommt insbesondere in diesem letzten Punkt zum Ausdruck.

## 7. Möglichkeiten untergesetzlicher Regelungen

Mit den geltenden Regelungen zur Beratung im Zusammenhang mit Pränataldiagnostik und Schwangerschaftsabbruch sind die Regelungsmöglichkeiten noch nicht ausgeschöpft. Ansatzpunkt ist die Verbesserung der Beratungssituation der schwangeren Frau und ihres Partners durch den Ausbau der Zusammenarbeit von Ärzten und psychosozialen Beraterinnen. Die Möglichkeit zum Erlass weiterer, die Intention des Gesetzgebers zur Verbesserung der Beratungssituation schwangerer Frauen unterstützender Regelungen haben auf der Ebene des ärztlichen Berufsrechts und auf professionsinterner Ebene der G-BA, die BÄK (in Zusammenarbeit mit den Landesärztekammern) sowie die einschlägigen Berufsverbände.

Zwar hat der G-BA den Wortlaut des § 2a Abs. 1 SchKG in die Mutterschafts-Richtlinien übernommen. Die Wahl des Regelungsortes - Anlage 1c zu Abschnitt B Nr. 4 (G-BA 2013) – scheint allerdings unglücklich. Der – im Sinne des Gesetzgebers: zur Förderung von Vernetzung und Kooperation -passende und zugleich prominentere Regelungsort wäre Abschnitt A („Untersuchungen und Beratungen sowie sonstige Maßnahmen während der Schwangerschaft") - neben den bereits vorhandenen Hinweis auf den Rechtsanspruch der schwangeren Frau auf Beratung aus § 2 SchKG.

Auch auf die Pflicht zur fachgebundenen genetischen Beratung nach GenDG für den Fall genetischer Untersuchungen könnte an dieser Stelle hingewiesen werden. Die Mutterschafts-Richtlinien sehen neben nichtgenetischen auch eine Reihe genetischer Untersuchungen im Sinne des GenDG vor. Das gilt gerade für die Mutterschafts-Richtlinien in der Fassung der „Strukturellen Anpassung des Ultraschallscreenings in der Schwangerschaft" (G-BA 2013). Bereits auf Screening-Ebene ist bei der „Sonografie mit Biometrie und systematischer Untersuchung der fetalen Morphologie durch einen besonders qualifizierten Untersucher" mit Untersuchungsergebnissen zu rechnen, die auf genetische Ursachen schließen lassen (Rummer 2011, laut G-BA handelt es sich bei solchen Befunden um Zufallsbefunde, G-BA 2010).

Die BÄK könnte verschiedene Instrumentarien nutzen – Richtlinien, Leitlinien, Empfehlungen und Stellungnahmen -, um die Vernetzung und Kooperation von Ärzten und Psychosozialen Beratungsstellen zu stärken. Eine Neufassung der bestehenden Regelungen (BÄK 1998a und 1998b) zwecks Anpassung an die aktuelle Rechtslage durch Aufnahme der Vermittlungspflicht des § 2a SchKG könnte um konkrete Vorgaben zur standardmäßigen Zusammenarbeit zwischen den Professionen ergänzt werden. Damit würde die BÄK deutlich machen, dass sie die Zielvorgabe des Gesetzgebers unterstützt, dass sich nämlich psychosoziale Beratung als regelmäßiger Bestandteil der Schwangerenversorgung im Zusammenhang mit Pränataldiagnostik etabliert (BT Drs. 16/12970, S. 24). Durch die Übernahme in die Berufsordnungen der Landesärztekammern könnte solchen Vorgaben, würden sie als Richtlinien formuliert, Verbindlichkeit verliehen werden.

Ferner haben die Berufsverbände die Möglichkeit, für ihre Mitglieder verbindliche Vorgaben zu erlassen. Das bietet sich im Zusammenhang mit der Einführung des § 2a SchKG und des GenDG aus 2010 an.
Vorreiter ist insofern - jedenfalls in Hinblick auf den generellen Umgang mit den neuen Testverfahren zur nichtinvasiven pränatalen Diagnostik (NIPD) wie der Bestimmung einer Trisomie 21 aus mütterlichem Blut- der Berufsverband der niedergelassenen Pränatalmediziner [BVNP]. In ihrer Stellungnahme zur nichtinvasiven pränatalen Diagnostik (BVNP 2012) wird als Anforderung an die Durchführung von NIPD unter anderem angeführt, dass „[d]ie Voraussetzungen für eine unproblematische und zeitnahe Vermittlung zur psychosozialen Beratung vor und ggfs. nach der Diagnostik" vorliegen sollten.

Eine Verbesserung der Zusammenarbeit könnte daneben durch Anreizsysteme erreicht werden.
Der Ausbau von Netzwerken und gelebte Kooperation könnten weiter mit öffentlichen Geldern gefördert werden und so Anreize geschaffen werden, die Arbeit in bestehenden Qualitätszirkeln fortzusetzen und neue Qualitätszirkel zu gründen. An Einzelstandorten könnte auf diesem Weg eine konkrete Verbesserung der Beratungssituation geschaffen werden.
Eine bessere Kenntnis auf Seiten der Ärzteschaft über psychosoziale Beratung, ihre Arbeitsweise, die Qualifikation der Beraterinnen etc. könnte dazu beitragen, dass Ärzte ihre Patientinnen dazu motivieren, im Zusammenhang mit Pränataldiagnostik psychosoziale Beratung in Anspruch zu nehmen. Die Vermittlung dieser Kenntnisse sollte bereits im Studium und kann bis in die Weiterbildung zur Erlangung der Facharztkompetenz im Bereich Frauenheilkunde und Geburtshilfe reichen, dort zum Beispiel im Rahmen der psychosomatischen Grundversorgung. Regelungsorte hierfür sind die Studienordnungen und das ärztliche Berufsrecht.

## 8. Zusammenfassung des ärztlichen und psychosozialen Beratungsverständnisses und Fazit

Die Schwangerenversorgung fordert schwangeren Frauen Entscheidungen im Zusammenhang mit Pränataldiagnostik ab, in manchen Fällen muss eine Entscheidung über Fortsetzung oder Abbruch der Schwangerschaft gefällt werden. Weil selbstbestimmte Entscheidungen moralisch besser sind als weniger selbstbestimmte Entscheidungen, sollten diese Entscheidungen möglichst selbstbestimmt sein. Dazu kann Beratung beitragen.

Verschiedene Professionen können in die Beratung im Rahmen der Schwangerenversorgung einbezogen sein: Gynäkologen sowie weitere Ärzte verschiedener Fachrichtungen wie zum Beispiel Neonatologen oder Humangenetiker, Psychosoziale Beraterinnen, Hebammen, Mitarbeiterinnen an Behindertenverbänden und Selbsthilfegruppen. Trotz vielfältiger Beratungsangebote wird die Beratungssituation schwangerer Frauen seit Jahren als verbesserungsbedürftig beschrieben.

Durch die Einführung des § 2a SchKG und des GenDG wurde die Bedeutung der psychosozialen Beratung neben der gynäkologischen Beratung hervorgehoben. Das allein kann die Beratungssituation schwangerer Frauen nicht verbessern – notwendig ist, dass diese Beratungsangebote bei der schwangeren Frau ankommen.

Weil erste Anlaufstelle für schwangere Frauen in der Regel die gynäkologische Praxis ist, kommt dem Gynäkologen eine Schlüsselrolle für ihre Beratung zu. Es liegt an ihm, die schwangere Frau über Beratungsangebote zu informieren. In vielen Fällen wird die Inanspruchnahme des Angebots psychosozialer Beratung (ergänzend zur ärztlichen Beratung) davon abhängen, wie der Arzt selbst zu diesem Beratungsangebot steht. Voraussetzung dafür, dass der Arzt seine Patientin zur Inanspruchnahme psychosozialer Beratung *motiviert*, ist eine Zusammenarbeit mit einer oder mehreren Psychosozialen Beratungsstellen. Eine erfolgreiche Zusammenarbeit erfordert ihrerseits die gegenseitige Anerkennung der Professionalität der anderen Profession sowie die Kenntnis der jeweiligen (ärztlichen und psychosozialen) Beratung – mithin des Beratungsverständnisses.

Als „Beratungsverständnis" kann umfassend all das verstanden werden, was sich aus einer Zusammenschau von Beratungsanlass, -situationen, -zielen, - inhalten und –kompetenzen unter Berücksichtigung gesetzlicher und untergesetzlicher sowie berufsrechtlicher und professionsinterner Vorgaben für die jeweilige Beratung ergibt. Es hat sich gezeigt, dass das ärztliche und das psychosoziale Beratungsverständnis in dieser Hinsicht nicht unerhebliche Unterschiede aufweisen.

Knapp zusammengefasst, sollen ärztliches und psychosoziales Beratungsverständnis wie folgt beschrieben werden:

Mit ärztlicher Beratung ist Expertenberatung durch Fachärzte der Fachrichtung Gynäkologie und Geburtshilfe gemeint. Als solche ist sie vom Arzt-Patientinnen-Verhältnis im speziellen Kontext der Schwangerenversorgung geprägt, das seinerseits durch arztrechtliche Vorgaben maßgeblich beeinflusst wird. Im Vordergrund steht die zunächst ethische, inzwischen von der Rechtsprechung übernommene Forderung des informed consent, die dem Prinzip der Patientenautonomie Rechnung trägt. In diesem Sinne ist das ärztliche Beratungsverständnis vom Bemühen um (hinreichende) Information der schwangeren Frau geleitet. Ziel ist es, eine rechtwirksame Einwilligung in bevorstehende medizinische Maßnahmen, auch diagnostische, zu erhalten.
Zum Einsatz kommende Methode ist in erster Linie die Information der schwangeren Frau. In der Praxis betrifft das vor allem medizinische Sachverhalte, wobei weitere Beratungsinhalte rechtlich vorgegeben sind.

Mit psychosozialer Beratung ist institutionelle psychosoziale Beratung gemeint, mithin professionelle Beratung durch für Beratung ausgebildete Fachkräfte. Als solche ist sie aus dem engeren Kontext medizinischer Beratung herausgelöst, wenn auch medizinische Sachverhalte Beratungsanlass und –thema sind. Psychosozialer Beratung geht es ebenso wie ärztlicher Beratung um die Selbstbestimmung der schwangeren Frau, das allerdings nicht zielgerichtet auf eine rechtswirksame Einwilligung in eine bevorstehende medizinische Maßnahme, sondern in einem weiter ausgreifenden Sinne. Nach dem psychosozialen Beratungsverständnis sollen die im Kontext von Pränataldiagnostik und Schwangerschaftsabbruch anstehenden Entscheidungen in Übereinstimmung mit Historie, Lebenswirklichkeit und Wertvorstellungen der schwangeren Frau getroffen werden. Dazu gehört auch die Aufarbeitung ethischer Aspekte.
Psychosoziale Beratung bedient sich verschiedener Kommunikationsmethoden, darunter (auch) der Information, gegebenenfalls erfolgt Krisenintervention, regelmäßig Ressourcenarbeit. Die Beratungsthemen sind nicht vorgegeben, sondern werden grundsätzlich von der schwangeren Frau in die Beratung eingebracht.

Aus der Gegenüberstellung des jeweiligen Beratungsverständnisses von Ärzten und von psychosozialen Beraterinnen wird deutlich, warum der Gesetzgeber vor allem mit § 2a SchKG in der Versorgung schwangerer Frauen die Zusammenarbeit zwischen diesen Professionen fördern wollte (BT Drs. 16/12970 S. 24f.). Die unterschiedlichen Ansätze bergen Chancen zur Verbesserung der Beratungssituation schwangerer Frauen (und ihrer Partner). Ob das mit den gesetzlichen Neuregelungen aus 2010 gelingen wird, bleibt abzuwarten. Nicht in Vergessenheit geraten sollten dabei die untergesetzlichen Regelungsoptionen.

Angesicht der Tragweite von Entscheidungen im Kontext von Pränataldiagnostik und Schwangerschaftsabbruch ist es wünschenswert, dass auf allen Ebenen Bemühungen unternommen werden, den Willen des Gesetzgebers umzusetzen und die Beratungssituation schwangerer Frauen (und ihrer Partner) weiter zu verbessern.

## Anhang: Landesrechtliche Regelungen zur psychosozialen Beratung

**Baden-Württemberg**
Gesetz zur Ausführung des Schwangerschaftskonfliktgesetzes (AGSchKG) vom 12. Juni 2007, zuletzt geändert am 25. Januar 2012, i.V.m. der Verwaltungsvorschrift des Ministeriums für Arbeit und Soziales über die Anerkennung und Förderung anerkannter Schwangerschaftskonfliktberatungsstellen sowie der katholischen Schwangerenberatungsstellen (VwV – SchKG) vom 9.12.2011.

In Baden-Württemberg werden als Schwangerschaftskonfliktberatungsstellen Beratungsstellen anerkannt, an denen sowohl Konflikt- als auch die allgemeine Schwangerenberatung durchgeführt wird (Ziff. 7.1 VwV-SchKG).
Hinsichtlich der Qualifikation der Beraterinnen setzt Ziff. 5.7 VwV-SchKG für Beraterinnen an Schwangerenkonfliktberatungsstellen mehrjährige Berufserfahrung und Kenntnis der entsprechenden Hilfen voraus. Beraterinnen müssen Fachkräfte sein. Fachkräfte sind in der Regel staatlich anerkannte Sozialpädagogen und -pädagoginnen, staatlich anerkannte Sozialarbeiter und -arbeiterinnen, Diplompädagogen und -pädagoginnen der Fachrichtung Sozialpädagogik. Fachkräfte können auch Diplompsychologen und -psychologinnen sowie Ärzte und Ärztinnen sein, wenn sie über ausreichende Kenntnisse über die öffentlichen und privaten Hilfen für Schwangere, Familien, Mütter und Kinder verfügen. Absolventen und Absolventinnen eines Studiums mit dem Abschluss Bachelor of Arts (Schwerpunkt Soziale Arbeit) oder Master of Arts, werden dann als Fachkräfte anerkannt, wenn der Studiengang ausgewiesene Module für die soziale Beratungspraxis enthält und dies entsprechend nachgewiesen wird. Die Beratungsfachkräfte haben regelmäßig Supervisions- und Fortbildungsangebote wahrzunehmen; die Fortbildung ist dabei durch die Träger in angemessenem Umfang zu ermöglichen (Ziff. 7.2.3 VwV-SchKG).

**Bayern**
Gesetz über die Schwangerenberatung (Bayerisches Schwangerenberatungsgesetz - BaySchwBerG) vom 9. August 1996, zuletzt geändert durch Gesetz vom 8.4.2013; Durchführungsverordnung zum Bayerischen Schwangerenberatungsgesetz (BaySchwBerV) vom 28.7.2005, zuletzt geändert am 10. 7. 2008.

Nach dem bayerischen Schwangerenberatungskonzept sind staatliche Anerkennung und öffentliche Förderung daran geknüpft, dass sowohl Konflikt- als auch allgemeine Schwangerenberatung durchgeführt wird. Damit müssen in jeder Beratungsstelle Fachkräfte im Sinne des BaySchwBerG beschäftigt werden. In Bayern wird die Beratung durch hauptamtliche Fachkräfte, ergänzt durch Verwaltungskräfte und Honorarkräfte gewährleistet. Hauptamtliche Fachkräfte, die in der Schwangerschaftskonfliktberatung eingesetzt werden, sind zur Supervision verpflichtet, müssen eine Ausbildung als Diplom-Sozialpädagoge (FH) oder eine vergleichbare Ausbildung abgeschlossen haben und auf Grund mehrjähriger Berufstätigkeit mit den sozialen Hilfemöglichkeiten für Schwangere, Familien, Mütter und Kinder vertraut sein oder gleichwertige Fortbildungsmaßnahmen nachweisen können. Außerdem sind die Beraterinnen zur Supervision verpflichtet (Art. 3 Abs. 4 BaySchwBerG). Unter Beratungsfachkräfte mit „vergleichbarer Ausbildung" fallen auch Ärzte, wie sich aus den Voraussetzungen für die Finanzierung von Beratungsstellen ergibt (Art. 15 BaySchwBerG). Zu den Anforderungen an die Träger von Beratungsstellen, die gefördert werden, gehört unter anderem, dafür Sorge zu tragen, dass die Mitarbeiter der Beratungsstellen Supervision erhalten und fachlich fortgebildet werden (Art. 17 Nr. 5). Aus der BaySchwBerV ergibt sich, dass Sozialpädagoginnen mit staatlicher Anerkennung die Voraussetzungen für zuschussfähige Personalausgaben erfüllen (Einordnung in die Entgeltgruppen 9 oder 10 TV-L, § 22 Abs. 2 BAT Teil II Abschnitt G Anlage 1a zum BAT).

**Berlin**
Gesetz zur Regelung des Verfahrens zur Anerkennung von Beratungsstellen nach dem Schwangerschaftskonfliktgesetz und zur Meldung von Einrichtungen zur Vornahme von Schwangerschaftsabbrüchen (Schwangerenberatungsstellengesetz – SchwBG) vom 25.2.2004.

Die Anerkennung von Schwangerschaftsberatungsstellen, die sowohl allgemeine als auch Konfliktberatung anbieten und Beratungsscheine gem. § 219 StGB ausstellen, müssen über mindestens eine Fachkraft verfügen, die in einem der Fachbereiche Humanmedizin, Psychologie, Sozialpädagogik oder Sozialarbeit staatlich examiniert oder diplomiert und in Beratungstätigkeit erfahren ist oder die eine für diese Aufgabe gleichwertige Qualifikation aufweist; über die Gleichwertigkeit der Qualifikation entscheidet die zuständige Behörde (§ 4 Abs. 3 SchwBG). Die Beratungsfachkräfte der Beratungsstelle sind verpflichtet, sich Kenntnisse in der Konfliktberatung und über die zur Verfügung stehenden öffentlichen und privaten Hilfen für Schwangere, Mütter und Kinder anzueignen und diese den Entwicklungen auf diesem Gebiet anzupassen. Zu diesem Zweck haben sie regelmäßig an dafür geeigneten Fortbildungsveranstaltungen teilzunehmen (§ 4 Abs. 5 SchwBG). Für Beratungsfachkräfte an Beratungsstellen, die ausschließlich Beratung gem. § 2 SchKG anbieten, bestehen keine gesonderten Vorgaben hinsichtlich der Qualifikation.

**Brandenburg**
Brandenburgisches Gesetz zur Ausführung des Schwangerschaftskonfliktgesetzes (BbgAGSchKG) vom 12.7.2007, zuletzt geändert am 15.7.2010; Richtlinie des Ministeriums für Arbeit, Soziales, Gesundheit und Frauen zur Anerkennung von Schwangerschaftskonfliktberatungsstellen vom 4.8.1997.

In Brandenburg werden Beratungsstellen gefördert, die Schwangerschaftsberatung nach § 2 SchKG sowie Konfliktberatung nach §§ 5 ff. SchKG anbieten und Beratungsscheine gem. § 219 StGB ausstellen. Voraussetzung für die Anerkennung als Konfliktberatungsstelle ist, dass die Beratungsstelle über mindestens eine in Beratungstätigkeit erfahrene und mit sozialen Hilfen vertraute Fachkraft verfügt, die staatlich anerkannte Sozialarbeiterin oder Sozialpädagogin, Fachkraft mit vergleichbarer Ausbildung, Diplompädagogin, Diplompsychologin oder Ärztin ist (Ziff. 3.2.1 der Richtlinie). Darüber hinaus ist eine zusätzliche Qualifikation zur Schwangerschaftskonfliktberatung im Umfang von mindestens 40 Stunden nachzuweisen (Ziff. 3.2.2 der Richtlinie). Für Beratungsfachkräfte an Beratungsstellen, die ausschließlich Beratung gem. § 2 SchKG anbieten, bestehen keine gesonderten Vorgaben hinsichtlich der Qualifikation.

**Bremen**
Gesetz über Schwangeren- und Schwangerschaftskonfliktberatungsstellen (Schwangerenberatungsgesetz – SchwBG) vom 28.3.2006, zuletzt geändert am 24.1.2012.

In Bremen werden Beratungsstellen gefördert, die Beratung nach § 2 oder § 5 SchKG anbieten. Abgesehen von der Verpflichtung des Trägers dafür Sorge zu tragen, dass die Mitarbeiterinnen der Beratungsstelle Supervision erhalten und fachlich fortgebildet werden, werden keine Qualifikationsvorgaben vorgehalten (§ 5 Abs. 2 Nr. 7 SchwBG). Anders ist das für die Anerkennung von Ärztinnen und Ärzten, die nur dann als Beratungsstelle anerkannt werden, wenn sie eine mindestens zweijährige Berufstätigkeit nach Erteilung der Approbation oder einer Erlaubnis nach § 10 der Bundesärzteordnung und die Kenntnis der möglichen Hilfen für Schwangere nach § 2 SchKG durch die Teilnahme an einer anerkannten Informations- und Fortbildungsveranstaltung zu Inhalt, Form und

Durchführung der Schwangerschaftskonfliktberatung sowie über die öffentlichen und privaten Hilfen für Schwangere, Familien, Mütter und Kinder schriftlich nachweisen (§ 4 SchwBG).

**Hamburg**
Hamburgisches Gesetz zur Förderung von Beratungsstellen nach dem Schwangerschaftskonfliktgesetz (Schwangerenberatungsstellenförderungsgesetz - SchFG) vom 14. Dezember 2007.

Für Beratungsfachkräfte, die nur nach § 2 SchKG beraten, gibt es in Hamburg keine Qualifikat0ionsvorschriften. Faktisch werden Personalkosten für Beratungsstellen im Rahmen der Entgeltstufe 11 gefördert. Das bedingt, dass Beratungsfachkräften ein Fachhochschulstudium wie z.B. Sozialpädagogik absolviert haben. Gemäß dem Hamburgischen Schwangerenberatungsstellenförderungsgesetz werden Personalkosten für Beratungstätigkeit bis Entgeltstufe 11 gefördert (§ 4 Nr. 4 SchFG).

**Hessen**
Hessisches Ausführungsgesetz zum Schwangerschaftskonfliktgesetz (HAGSchKG) vom 14.12.2006, zuletzt geändert am 6.10.2011.

Im HAGSchKG finden sich keine Vorgaben hinsichtlich der Qualifikation von Fachkräften und Ärztinnen und Ärzten, die als Beratungsstellen zugelassen werden. Die ehemalige Verwaltungsvorschriften für die Anerkennung und Förderung von Beratungsstellen für Familienplanung, Sexualerziehung und Schwangerschaftskonflikte in Hessen, die detaillierte Vorgaben enthielt, ist außer Kraft getreten, ebenso wie die Verordnung über die Förderung von Beratungsstellen nach dem Schwangerschaftskonfliktgesetz mit Wirkung von 1.12.2012.

**Mecklenburg-Vorpommern**
Richtlinien für das Verfahren zur Anerkennung von Beratungsstellen gemäß Schwangerschaftskonfliktgesetz vom 21.8.1995 (BGBl. I S. 1050). Erlass des Sozialministeriums vom 17.12.1999 – IX 530 a – 80.222.22.
In Mecklenburg-Vorpommern sind Qualifikationsanforderungen nur für die Schwangerschaftskonfliktberatung geregelt. Die Anerkennung von Schwangerschaftskonfliktberatungsstellen erfordert, dass die Beratungsfachkräfte über Erfahrungen in der Beratung verfügen und mit Hilfen vertraut sind. Als Beratungsfachkräfte gelten staatlich anerkannte Sozialarbeiterinnen, Sozialpädagoginnen, Diplompädagogen (Fachrichtung Sozialpädagogik), Diplompsychologinnen so-

wie Fachkräfte mit vergleichbarer Ausbildung, die jeweils über eine vom Sozialministerium anerkannte Zusatzqualifikation auf dem Gebiet der Schwangerenkonfliktberatung verfügen müssen (Lit. E Ziff. 1.2. der Richtlinien). Ärztinnen können bei Erfüllung weiterer Voraussetzungen ebenfalls als Beratungsstelle anerkannt werden (Lit. e Ziff. 1.1. der Richtlinien).
Die Träger anerkannter Beratungsstellen haben die erforderliche fachspezifische Fortbildung und Supervision für die in der Beratung tätigen Mitarbeiter sicherzustellen.

**Niedersachsen**
Niedersächsisches Ausführungsgesetz zum Schwangerschaftskonfliktgesetz (Nds. AG SchKG) vom 9.12.2005; Richtlinie für die Anerkennung von Schwangerschaftskonfliktberatungsstellen, RdErl. d. MS v. 7. 12. 2004.

Gemäß der Richtlinie für die Anerkennung von Schwangerschaftskonfliktberatungsstellen muss an Schwangerschaftskonfliktberatungsstellen mindestens eine qualifizierte ausgebildete Beratungskraft beschäftigen sein. Beratungskräfte in diesem Sinne sind staatlich anerkannte Sozialarbeiterinnen, Sozialpädagoginnen, Diplompädagoginnen, Diplompsychologinnen und Ärztinnen; im Einzelfall können auch Fachkräfte mit vergleichbarer Ausbildung anerkannt werden (Ziff. 3 der Richtlinie). Außerdem müssen die Beraterinnen nachweisen, dass sie an einer Fortbildungsveranstaltung zu Inhalt, Form und Durchführung der Schwangerschaftskonfliktberatung nach dem SchKG teilgenommen haben. Ihre für die Schwangerschaftskonfliktberatung erforderlichen Kenntnisse müssen sie mindestens alle drei Jahre durch Teilnahme an einer entsprechenden Fortbildungs- oder Informationsveranstaltung dem aktuellen Stand anpassen (Ziff. 3.2 der Richtlinie).
Für die allgemeine Beratung gem. § 2 SchKG gibt es keine Qualifikationsvorschriften.
Gemäß § 5 Abs. 2 NdsAGSchKG werden allerdings vornehmlich Beratungsstellen gefördert, die sowohl allgemeine Schwangerenberatung als auch Konfliktberatung anbieten, so dass sich die Qualifikationsanforderungen faktisch auch auf die Beratungsfachkräfte beziehen, die nur nach § 2 SchKG beraten.

**Nordrhein-Westfahlen**
Ausführungsgesetz zum Schwangerschaftskonfliktgesetz (Schwangerschaftskonfliktausführungsgesetz NRW - AG SchKG) vom 23.5.2006, zuletzt geändert am 4.12.2012; Richtlinien zur staatlichen Anerkennung der Beratungsstellen und Ärztinnen und Ärzte nach §§ 8 und 9 Schwangerschaftskonfliktgesetz – SchKG,

RdErl. d. Ministeriums für Generationen, Familie, Frauen und Integration - 222 - 6841.2.1 - v. 3.8.2007, Ministerialblatt NRW, Ausgabe 2007 Nr. 26 S. 26.9.2007, S. 589-614.

In Nordrhein-Westfahlen beinhalten die „Richtlinien zur staatlichen Anerkennung der Beratungsstellen und Ärztinnen und Ärzte nach §§ 8 und 9 Schwangerschaftskonfliktgesetz" Qualifikationsvorschriften nur für Beratungsstellen, die als Schwangerschaftskonfliktberatungsstellen anerkannt werden. Nach Ziff. 2.2 der Richtlinien muss mindestens eine vollzeitbeschäftigte oder eine entsprechende Anzahl teilzeitbeschäftigter Fachkräfte mit Abschlussdiplom bzw. einem Studienabschluss Bachelor of Arts Sozialarbeit oder -pädagogik mit jeweils einjähriger Berufserfahrung im beraterischen Bereich oder ein Abschlussdiplom bzw. Master of Science in Psychologie mit einjähriger Berufserfahrung im beraterischen Bereich tätig sein. Ärztinnen, die Konfliktberatung anbieten, müssen über eine abgeschlossene fachärztliche Weiterbildung auf den Gebieten Frauenheilkunde und Geburtshilfe oder Innere Medizin und Allgemeinmedizin verfügen und an einem Seminar der Ärztekammern zu Inhalt, Form und Durchführung der Schwangerschaftskonfliktberatung teilgenommen haben (Ziff. 3.1. der Richtlinien).

**Rheinland-Pfalz**
Landesgesetz zur Ausführung des Schwangerschaftskonfliktgesetzes und anderer Gesetze (AGSchKG) vom 14.3.2005; Landesverordnung über die Förderung von Beratungsstellen nach dem Schwangerschaftskonfliktgesetz (LVOFBSchKG) vom 20.3.2006.

Weder das AGSchKG noch die LVOFBSchKG enthält Qualifikationsanforderungen für Beratungsfachkräfte, sei es für Beratungsstellen, die Konfliktberatung anbieten oder solche, die nur allgemeine Schwangerenberatung anbieten.

**Saarland**
Schwangerschaftskonflikt-Ausführungsgesetz (SchKGAG) vom 12.6.2006, zuletzt geändert am 15.9.2010.

Im Saarland gelten nur für Beratungsfachkräfte an Schwangerschaftskonfliktberatungsstellen im Rahmen der Fördervorgaben Qualifikationsvorschriften. Es werden nur solche Beratungsstellen mit öffentlichen Mittel gefördert, die mindestens eine in der Beratungstätigkeit erfahrene und mit Hilfen vertraute Beratungsfachkraft beschäftigen und die gewährleisten, dass die Beratungsfachkräfte in angemessenem Umfang fachspezifisch fortgebildet werden (§ 6 Abs. 1 Ziff. 1 und 2 SchKGAG). Als Beratungsfachkräfte gelten Diplompsychologinnen, Ärztinnen mit mindestens einjähriger Erfahrung auf dem Gebiet der Schwangerschaftsberatung oder einem beraterspezifischen Fortbildungsnachweis, Diplomsozialpädagoginnen oder gleichwertige Abschlüsse, Diplomsozialarbeiterinnen oder gleichwertige Abschlüsse sowie Fachkräfte mit vergleichbarer Ausbildung mit ausreichender Berufserfahrung oder mit einer im Einzelfall gleichwertigen Berufs- und Beratungserfahrung (§ 6 Abs. 3 SchKGAG).

**Sachsen**
Gesetz zur Ausführung des Schwangerschaftskonfliktgesetzes und zur Änderung des Gesetzes über den öffentlichen Gesundheitsdienst im Lande Sachsen (SächsSchKGAG) vom 13.6.2008.

In Sachsen gelten nur für Beratungsfachkräfte an Schwangerschaftskonfliktberatungsstellen besondere Anforderungen. Um als Beratungsstelle anerkannt zu werden, muss eine Beratungsstelle über hinreichend persönlich und fachlich qualifiziertes und der Zahl nach ausreichendes Personal gemäß § 9 Nr. 1 SchKG verfügen Das ist der Fall, wenn sie über mindestens eine in der Beratungstätigkeit erfahrene und mit den Hilfen vertraute Fachkraft verfügt. Als erfahren gilt, wer über eine mindestens 3-jährige praktische Erfahrung in der Beratung verfügt. Außerdem müssen die Fachkräfte einen der folgenden Abschlüsse nachweisen: staatlich anerkannte Sozialarbeiterin oder Diplom-Sozialpädagogin, Diplompsychologin, Ärztin mit einem beraterspezifischen Fortbildungsnachweis oder Ehe-, Familien- und Lebensberaterin oder -berater mit einer vom Deutschen Arbeitskreis für Jugend-, Ehe- und Familienberatung anerkannten Ausbildung. Im Einzelfall kann das Staatsministerium für Soziales Fachkräfte mit einer vergleichbaren Ausbildung anerkennen. Die Beratungsfachkräfte müssen eine zusätzliche Qualifikation für die Schwangerschaftskonfliktberatung im Umfang von mindestens 100 Stunden innerhalb von 3 Jahren bei einem durch das Staatsministerium für Soziales bestätigten Anbieter nachweisen.

Schließlich muss der Träger der Beratungsstelle die erforderliche Fortbildung und die regelmäßige Teilnahme an Besprechungen mit externen Beratern zur systematischen Reflexion des beruflichen Handelns (Supervision) für die in der Beratungsstelle tätigen Fachkräfte sicherstellen (§ 4 Abs. 1 Nr. 1 bis 4 Sächs-SchKGAG).

**Sachsen-Anhalt**
Ausführungsgesetz des Landes Sachsen-Anhalt zum Schwangerschaftskonfliktgesetz (SchKG-AG LSA) vom 24.1.2008, zuletzt geändert am 5. 11. 2009; Richtlinie für das Verfahren zur Anerkennung von Beratungsstellen gemäß §§ 8 und 9 des Schwangerschaftskonfliktgesetzes, RdErl. des MS vom 29. 3. 2001, Ministerialblatt des Landes Sachsen-Anhalt Nr. 23/2001 vom 28.5.2001; Verordnung zur Durchführung des Ausführungsgesetzes des Landes Sachsen-Anhalt zum Schwangerschaftskonfliktgesetz (SchKVO LSA) vom 8. Dezember 2008, GVBl. LSA 2008, S. 407.

Nach § 3 der SchKGVO LSA kann Beratungsfachkraft für die allgemeine Beratung sein, „wer in der Lage ist, die Beratungsinhalte gemäß § 2 [SchKG] zu vermitteln". Davon wird regelmäßig bei Personen mit einer Qualifikation als Psychologin, Ärztin, Pädagogin, staatlich anerkannte Sozialpädagogin, staatlich anerkannte Sozialarbeiterin und Theologin mit nachgewiesener therapeutischer oder psychologischer Ausbildung ausgegangen. Beraterinnen, die nicht Ärztinnen sind, müssen ihren Studiengang mit einer akademischen Graduierung abgeschlossen haben. Im Einzelfall kann die zuständige Behörde Personen mit vergleichbarer Qualifikation als Beratungsfachkräfte anerkennen.
Neben der Grundqualifikation müssen Beratungsfachkräfte eine Zusatzqualifikation im Umfang von 150 Stunden nachweisen, die zur Erlangung von fachspezifischem Wissen für die allgemeine Beratung gemäß § 2 SchKG und die Schwangerschaftskonfliktberatung gemäß den §§ 5 bis 7 SchKG sowie von beraterischen Handlungskompetenzen beitragen. Darüber haben sich Beratungsfachkräfte regelmäßig fortzubilden, insbesondere über die zur Verfügung stehenden öffentlichen und privaten Hilfen für schwangere Frauen, Familien, Mütter und Kinder entsprechend dem aktuellen gesetzlichen Entwicklungsstand. Der Träger hat sicherzustellen, dass die Beratungsfachkräfte zur Gewährleistung einer fachlich qualifizierten Aufgabenerledigung mindestens zehn Stunden jährlich an fachspezifischen externen Supervisionen teilnehmen.
Für Konfliktberaterinnen gelten die Qualifikationsvorschriften entsprechend, wobei ergänzend die Beratungsfachkraft aufgrund der im Rahmen der Zusatzqualifikation vermittelten Kompetenzen in der Lage sein muss, in Schwangerschaftskonflikten zu beraten (§ 7 SchKGVO LSA).

Die Zusatzqualifikation umfasst nach der Richtlinie für das Verfahren zur Anerkennung von Beratungsstellen gemäß §§ 8 und 9 des Schwangerschaftskonfliktgesetzes vom 29. 3. 2001 die Informationen über Schwangerschaft und Geburt sowie Rat und Hilfe, Hilfe zur Bewältigung der im Zusammenhang mit der Schwangerschaft bestehenden Konfliktlagen und Abhilfen in einer Notlage (Ziff. 5.1.1.1. der Richtlinie). Bei den Anforderungen der Zusatzausbildung wird zwischen Beratungsfachkräften mit und ohne therapeutischer Grundausbildung unterschieden; für Beratungsfachkräfte ohne therapeutische Grundausbildung soll die Zusatzqualifizierung 150 Stunden nicht unterschreiten (Ziff. 5.1.1.2. der Richtlinie). Als Beratungsfachkräfte mit therapeutischer Grundausbildung gelten beispielsweise Diplompsychologinnen der Fachrichtung klinische Psychologie und Diplompsychologinnen der Fachrichtung klinische Psychologie mit therapeutischer Zusatzausbildung, Ehe- und Lebensberaterinnen und -berater sowie Seelsorgerinnen und Seelsorger mit therapeutischer und beraterischer Ausbildung.

Gemäß Ziff. 5.1.1. dieser Richtlinie gelten als Beratungsfachkraft an Konfliktberatungsstellen ausdrücklich Diplompsychologen, Ärzte mit einem beratungsspezifischen Fortbildungsnachweis, Diplompädagogen, staatlich anerkannte Diplomsozialarbeiter, staatlich anerkannte Diplomsozialpädagogen, Seelsorger mit anerkannter therapeutischer oder beraterischer Ausbildung sowie Ehe-, Familien- und Lebensberater. Im Einzelfall kann die Anerkennungsbehörde Fachkräfte mit einer vergleichbaren Ausbildung mit ausreichender Berufserfahrung oder mit einer gleichwertigen Berufs- und Beratungserfahrung anerkennen.
Für die Anerkennung als Schwangerschaftskonfliktberatungsstelle ist außerdem erforderlich, dass die Beratungsstelle die erforderliche Fortbildung von [und? Anm. Verf.] Supervision für die in der Beratung tätigen Beschäftigten sicherstellt. Über Ausnahmen entscheidet die für die Anerkennung zuständige Behörde.
Für ärztliche Beratungsstellen gelten gesonderte Vorgaben (Ziff. 5.2.. der Richtlinie).

**Schleswig-Holstein**
Richtlinien des Landes Schleswig-Holstein über die Anerkennung von Schwangeren- und Schwangerschaftskonfliktberatungsstellen nach dem Schwangerschaftskonfliktgesetz (SchKG). Bekanntmachung des Ministeriums für Soziales, Gesundheit, Familie, Jugend und Senioren vom 15.7.2008 – VIII 334 – (befristet bis zum 31. Juni 2012).

In Schleswig-Holstein gelten nur für Beratungsfachkräfte besondere Qualifikationsvorgaben, die an anerkannten Schwangerenkonfliktberatungsstellen tätig sind. Die Beratungsfachkräfte müssen über Erfahrungen in der Beratung verfügen und mit Hilfen für Schwangere, Familien, Mütter und Kinder vertraut sein. Als Beratungsfachkräfte gelten staatlich anerkannte Sozialarbeiterinnen, staatlich anerkannte Sozialpädagoginnen, Diplompädagoginnen, Diplompsychologinnen und Fachkräfte mit vergleichbarer Ausbildung (Ziff. 5.2.der Richtlinie). Ärztinnen können ebenfalls als Beratungsstelle anerkannt werden, wenn sie weitere Voraussetzungen erfüllen (Ziff. 5.2 i.V.m. Ziff. 4.2.1 der Richtlinien).

**Thüringen**
Thüringer Verordnung über die Anforderungen an Schwangerschaftskonfliktberatungsstellen und deren Anerkennung (Thüringer Schwangerschaftskonfliktberatungsstellenverordnung - ThürSchKBVO -) vom 31. Mai 2006, GVBl 2006, S. 303.

In Thüringen sind die Qualifikationsanforderungen für Beratungsfachkräfte an Schwangerschaftskonfliktberatungsstellen in § 2 der Thüringer Schwangerschaftskonfliktberatungsstellenverordnung geregelt. Beratungsfachkraft können sein: Diplomsozialarbeiter / Diplomsozialpädagogen, staatlich anerkannte Sozialarbeiter / Sozialpädagogen, Fachkräfte mit vergleichbaren Fachhochschul- oder Hochschulabschlüssen im Sozialwesen, Diplompsychologen, Ärzte sowie Fachkräfte, die über eine vergleichbare berufliche Qualifikation verfügen und durch das für Schwangerschafts- und Schwangerschaftskonfliktberatung zuständige Ministerium bereits anerkannt worden sind.
Zusätzlich zur Grundqualifikation müssen Beratungsfachkräfte an Schwangerschaftskonfliktberatungsstellen ausreichende Kenntnisse auf dem Gebiet der Schwangerschafts- und Schwangerschaftskonfliktberatung besitzen. Dafür muss der Nachweis erbracht werden, dass sie an einer Zusatzausbildung im Umfang von mindestens 150 Stunden teilgenommen haben.
Ferner sind die Beratungsfachkräfte zur regelmäßigen Fortbildung und zur regelmäßigen Teilnahme an Supervisionen (mindestens 12 Stunden im Jahr) verpflichtet.

**Literaturverzeichnis**

Ackermann, Evelin (2005): Psychosoziale Beratung im Kontext pränataler Diagnostik. Möglichkeiten und Grenzen der professionellen Bearbeitung dilemmatischer Problemlagen. Aachen: Shaker.

Amedes (2013): Der Panorama-Test von natera und amedes. Online verfügbar unter http://www.amedes-group.com/fuer-aerzte/fachbereiche/gynaekologie/panorama.htm, zuletzt geprüft am 11.7.2013.

Arbeiterwohlfahrt Bundesverband e.V. (2010): Standards für die Beratung in Schwangerschaftsberatungsstellen der AWO. Unter Mitarbeit von Claudia Lissewski. Arbeiterwohlfahrt Bundesverband e.V.

Arbeitsgemeinschaft Beratungswesen (2003): Psychosoziales Beratungsverständnis. Version 6. Online verfügbar unter http://www.beratung-aktuell.de/beratungsverstaendnis.html, zuletzt geprüft am 24.04.2013.

Baldus, Marion (2006): Von der Diagnose zur Entscheidung. Eine Analyse von Entscheidungsprozessen für das Austragen der Schwangerschaft nach der pränatalen Diagnose Down-Syndrom. Bad Heilbrunn: Klinkhardt (Forschung).

Beauchamp, Tom L; Childress, James F (2009): Principles of biomedical ethics. 6. ed. New York, NY: Oxford Univ. Press.

Beauchamp, Tom L.; Faden, Ruth R. (2004): Informed consent. II. Meaning and Elements. In: Post, Stephen G. (Hg.): Encyclopedia of bioethics. 3. ed. New York NY u.a.: Macmillan Reference, S. 1277–1280.

Beratungsstellen in kommunaler Trägerschaft in NRW (Hg.) (2009): Leitbild/Profil der kommunalen Schwangerschaftskonfliktberatungsstellen in NRW.

Berufsverband Deutscher Humangenetiker (BVDH) e.V. (2011a): Stellungnahme vom 7.3.2011 zu dem Entwurf der Richtlinie der Gendiagnostik-Kommission (GEKO) über die Anforderungen an die Qualifikation zur und Inhalte der genetischen Beratung gemäß § 23 Abs. 2 Nr. 2a und § 23 Abs. 2 Nr. 3 GenDG. Online verfügbar unter http://www.bvdh.de/newsdownload/67/BVDH_Stellungnahme_RL-Entwurf_Genet_Beratung_0703_2011.pdf?PHPSESSID=b422916657d2aa0c1108 29e1659abfa8, zuletzt geprüft am 24.04.2013.

Berufsverband Deutscher Humangenetiker (BVDH) e.V. (2011b): Ergänzung der Stellungnahme des BVDH zur GEKO-Richtlinie Genetische Beratung vom 24.3.2011. Online verfügbar unter http://www.bvdh.de/newsdownload/67/BVDH_2.Stellungnahme_zu_RL-Entwurf_Genet.Beratung_2403_2011.pdf?PHPSESSID=abe88d94ce0f1f262ab2b51ccc1b7e9c, zuletzt geprüft am 24.04.2013.

Berufsverband der niedergelassenen Pränatalmediziner (2012) Stellungnahme des BVNP zur nichtinvasiven pränatalen Diagnostik. Online verfügbar unter http://www.bvnp.de/index.php?id=3, zuletzt geprüft am 29.04.2013.

Berufsverband Medizinische Genetik; Deutsche Gesellschaft für Humangenetik (1996): Leitlinien zur Erbringung humangenetischer Leistungen: 1. Leitlinien zur Genetischen Beratung. In: Medizinische Genetik, Jg. 8, H. 3, S. 1–2. Online verfügbar unter http://www.bvdh.de/download/LL_ST/1996-3-1.PDF, zuletzt geprüft am 24.04.2013.

Bundesärztekammer (BÄK) (1987): Empfehlungen des Wissenschaftlichen Beirats „Pränatale Diagnostik". In: Deutsches Ärzteblatt, H. 84, S. B-434.

Bundesärztekammer (BÄK) (1998a): Erklärung zum Schwangerschaftsabbruch nach Pränataldiagnostik. In: Deutsches Ärzteblatt, Jg. 95, H. 47, S. A-3013 - A-3016.

Bundesärztekammer (BÄK) (1998b): Richtlinien zur pränatalen Diagnostik von Krankheiten und Krankheitsdispositionen. In: Deutsches Ärzteblatt, Jg. 95, H. 50, S. A-3236 - A- 3242.

Bundesärztekammer (BÄK) (2003): Richtlinien zur pränatalen Diagnostik von Krankheiten und Krankheitsdispositionen. Neuformulierung des Abschnitts 8 (Qualifikationsnachweise). In: Deutsches Ärzteblatt, Jg. 100, H. 9, S. A 583.

Bundesärztekammer (BÄK) (2006a): (Muster-)Richtlinie zur Durchführung der assistierten Reproduktion. Novelle 2006. In: Deutsches Ärzteblatt, Jg. 103, H. 20, S. A-1392 - A-1403.

Bundesärztekammer (BÄK) (2011): (Muster-) Berufsordnung für die deutschen Ärztinnen und Ärzte (Stand: 2006). Online verfügbar unter http://www.bundesaerztekammer.de/downloads/MBO_08_2011.pdf, zuletzt geprüft am 24.04.2013.

Bundesärztekammer (BÄK) (2007): Empfehlungen zur ärztlichen Fortbildung. Texte und Materialien der Bundesärztekammer zur Fortbildung und Weiterbildung. 3. überarbeitete Auflage.

Bundesärztekammer (BÄK) (2010a): (Muster-)Weiterbildungsordnung 2003. Fassung vom 25.06.2010. Online verfügbar unter http://www.bundesaerztekammer.de/downloads/MWBO_07122011.pdf, zuletzt geprüft am 24.04.2013.

Bundesärztekammer (BÄK) (2010b): Tätigkeitsbericht 2010. Online verfügbar unter http://www.bundesaerztekammer.de/downloads/Taetigkeit2010.pdf, zuletzt geprüft am 24.04.2013.

Bundesärztekammer (BÄK); Deutsche Gesellschaft für Gynäkologie und Geburtshilfe (DGGG) (2006): Vorschlag zur Ergänzung des Schwangerschaftsabbruchsrechts aus medizinischer Indikation, insbesondere unter Berücksichtigung der Entwicklung der Pränataldiagnostik. Online verfügbar unter http://www.bundesaerztekammer.de/downloads/Vorschlag_Schw_recht.pdf, zuletzt geprüft am 24.04.2013.

Bundesverband donum vitae e. V. (2001): donum vitae - Fortbildungskonzept. Online verfügbar unter http://www.donumvitae.org/downloads, zuletzt geprüft am 24.04.2013.

Bundesverband donum vitae e. V. (2007a): Beratungskonzept für Beratungsstellen in der Trägerschaft von donum vitae. 8. korrigierte Auflage. Online verfügbar unter http://www.donumvitae.org/downloads, zuletzt geprüft am 24.04.2013.

Bundesverband donum vitae e. V. (2007b): Hintergründe – Ziele – Selbstverständnis. Argumente für donum vitae zur Förderung des Schutzes des menschlichen Lebens. Online verfügbar unter http://www.donumvitae.org/downloads, zuletzt geprüft am 24.04.2013.

Bundesverband donum vitae e. V. (2011a): Leitbild. Online verfügbar unter http://www.donumvitae.org/downloads, zuletzt geprüft am 24.04.2013.

Bundesverband donum vitae e. V. (2011b): Psychosoziale Beratung im Zusammenhang mit Pränataler Diagnostik. Konzept für die Beratungsstellen von donum vitae. Online verfügbar unter http://www.donumvitae.org/downloads, zuletzt geprüft am 24.04.2013.

Bundeszentrale für gesundheitliche Aufklärung (BZgA) (Hg.) (2000): FORUM 1/2-2000. Sexualaufklärung und Familienplanung.

Bundeszentrale für gesundheitliche Aufklärung (BZgA) (2010): Pränataldiagnostik. Ein Handbuch für Fachkräfte aus Medizin und Beratung; Grundlagen, Methoden, Beratung, Materialien. Köln: BZgA (Forschung und Praxis der Sexualaufklärung und Familienplanung).

Chiu, Rossa W. K. (2011): Non-invasive prenatal assessment of trisomy 21 by multiplexed maternal plasma DNA sequencing: large scale validity study. In: British Medical Journal (BMJ). doi:10.1136/bmj.c7401.

Damm, Reinhard (1999): Prädiktive Medizin und Patientenautonomie. Informationelle Persönlichkeitsrechte in der Gendiagnostik. In: Medizinrecht, H. 10, S. 437–448.

Damm, Reinhard (2004): Gesetzgebungsprojekt Gendiagnostikgesetz - Regelungsprinzipien und Regelungsmaterien. In: Medizinrecht, S. 1–19.

Damm, Reinhard (2006): Beratungsrecht und Beratungshandeln in der Medizin - Rechtsentwicklung, Norm- und Standardbildung. In: Medizinrecht, H. 1, S. 1–20.

Deutsch, Erwin (2003): Das behindert geborene Kind als Anspruchsberechtigter. In: Neue Juristische Wochenschrift (NJW), H. 1, S. 26–28.

Deutsche Gesellschaft für Beratung (DGfB) (2003): Psychosoziales Beratungsverständnis. Grundsatzpapier. Online verfügbar unter http://www.dachverband-beratung.de/dokumente/Beratung.pdf, zuletzt aktualisiert am 13.07.2006, zuletzt geprüft am 24.04.2013.

Deutsche Gesellschaft für Beratung (DGfB) (2010): Essentials einer Weiterbildung Beratung / Counselling. Online verfügbar unter http://www.dachverband-beratung.de/dokumente/DGfB_Weiterbildungsstandards-03-2010.pdf, zuletzt geprüft am 24.04.2013.

Deutsche Gesellschaft für Gynäkologie und Geburtshilfe (DGGG) (2010): Ultraschalldiagnostik im Rahmen der Schwangerenvorsorge. AWMF 015/044 (S1).

Deutsche Gesellschaft für Humangenetik, Berufsverband Deutscher Humangenetiker e. V. (2007): Genetische Beratung. Leitlinie. In: Medizinische Genetik, H. 4, S. 452–454.

Deutsche Gesellschaft für Humangenetik e.V. (2007): Positionspapier der Deutschen Gesellschaft für Humangenetik..

Deutsche Gesellschaft für Humangenetik e.V. (2011): Schreiben vom 13.3.2011. Stellungnahme zum Entwurf einer Richtlinie über die Anforderungen an die Qualifikation zur genetischen Beratung nach § 7 Abs. 3 und an die Inhalte der genetischen Beratung. Online verfügbar unter http://www.gfhev.de/de/startseite_news/2011_03_14_GenDG_GfH_gBg_Stellungnahme.pdf, zuletzt geprüft am 24.04.2013.

Deutscher Arbeitskreis für Jugend, Ehe- und Familienberatung (2003): Grundsätze fachlichen Handelns in der institutionellen Beratung. Stellungnahme des Deutschen Arbeitskreises für Jugend-, Ehe und Familienberatung. Online verfügbar unter http://www.bke.de/content/application/explorer/public/deutscher-arbeitskreis/grundsaetze_fachl_handelns.pdf, zuletzt aktualisiert am 30.03.2004, zuletzt geprüft am 24.04.2013.

Deutscher Caritasverband (Hg.) (2000): Ja zum Leben. Rahmenkonzeption für die Arbeit katholischer Schwangerschaftsberatungsstellen. Online verfügbar unter http://www.beratung-caritas.de/fileadmin/user_upload/schwangerschaftsberatung/Gesamtwerk.pdf, zuletzt geprüft am 24.04.2013.

Dewald, Axel; Cierpka, Manfred (2001a): Psychosoziale Beratung im Zusammenhang mit Pränataldiagnostik. In: Der Gynäkologe, Jg. 34, S. 565–567.

Dewald, Axel; Cierpka, Manfred (2001b): Psychosoziale Beratung im Kontext von Pränataldiagnostik. In: Psychotherapeut, Jg. 46, H. 2, S. 154–158.

Diakonisches Werk der Evangelischen Kirche in Deutschland (DW der EKD) (2001): Leben annehmen. Evangelische Beratung bei Schwangerschaften in Not- und Konfliktsituationen. (Positionen und Konzepte aus dem Diakonischen Werk der Evangelischen Kirche in Deutschland, 04/01).

Diakonisches Werk der Evangelischen Kirche in Deutschland (DW der EKD) (2005): Leistungsbeschreibung Evangelischer Schwangeren- und Schwangerschaftskonfliktberatungsstellen. Rahmenempfehlung. (Positionen und Konzepte aus dem Diakonischen Werk der Evangelischen Kirche in Deutschland).

Diakonisches Werk der Evangelischen Kirche in Deutschland (DW der EKD) (2009): Beratung und Begleitung bei pränataler Diagnostik. Empfehlungen an evangelische Dienste und Einrichtungen für eine geregelte Kooperation. Herausgegeben von Bundesverband evangelische Behindertenhilfe e.V., Diakonisches Werk der Evangelischen Kirche in Deutschland e.V., Evangelische Konferenz für Familien- und Lebensberatung e.V. und Eltern helfen Eltern e.V.

Eberbach, Wolfram H. (2010): Das neue Gendiagnostikgesetz. Ein Überblick aus juristischer Sicht. In: Medizinrecht, Jg. 28, H. 3, S. 155–163.

Eichhorn, K. -H; Schramm, T.; Bald, R.; Hansmann, M.; Gembruch, U. (2006): Qualitätsanforderungen an die DEGUM-Stufe I bei der geburtshilflichen Ultraschalldiagnostik im Zeitraum 19 bis 22 Schwangerschaftswochen. In: Ultraschall in der Medizin, Jg. 27, S. 185–187.

Engel, Frank; Nestmann, Frank; Sickendiek, Ursel (2007): "Beratung" - Ein Selbstverständnis in Bewegung. In: Nestmann, Frank; Engel, Frank; Sickendiek, Ursel (Hg.): Das Handbuch der Beratung. Disziplinen und Zugänge. 2. Aufl. Tübingen: dgvt-Verl. (1), S. 33–43.

Evangelisches Zentralinstitut für Familienberatung (2013): Weiterbildung in Psychosozialer Beratung im Kontext pränataler Diagnostik (PND) - Beratung vor, während und nach pränataler Diagnostik -. Online verfügbar unter http://www.ezi-berlin.de/, zuletzt geprüft am 24.04.2013.

Feldhaus-Plumin, Erika (2005): Versorgung und Beratung zu Pränataldiagnostik. Konsequenzen für die psychosoziale und interdisziplinäre Beratungsarbeit. Techn. Univ., Diss.--Berlin, 2004. 1. Aufl. Göttingen: V & R unipress (Frauengesundheit, 5).

Fischer, C.; Grimm, T. (2011): Das Rechnen mit Wahrscheinlichkeiten in der Humangenetik. In: Medizinische Genetik 2011, Vol. 23, S. 354 – 358.- online first.

Fischer, Gisela C.; Beyer, Martin; Gerlach, Ferdinand M.; Rohde-Kampmann, Ralf (2001): Bedeutung und Möglichkeiten von allgemeinen Leitlinien für hausärztliche Versorgungsstrategien. – Brauchen wir ‚Basisleitlinien' in der Allgemeinmedizin? In: Zeitschrift für ärztliche Fortbildung und Qualität im Gesundheitswesen (ZaeFQ), Jg. 95, S. 435–442.

Fischer, Thomas (Hg.) (2008): Strafgesetzbuch und Nebengesetze. 55. Aufl. /. Begründet von Thomas Fischer; Otto Schwarz; Eduard Dreher; Herbert Tröndle. München: Beck (Beck'sche Kurz-Kommentare, 10).

Fricke, Anke (2010): Beratung und Begleitung von schwangeren Frauen und Paaren im Kontext von Pränataldiagnostik. Handlungsempfehlung zur Kooperation von Katholischen Krankenhäusern und Katholischen Schwangerschaftsberatungsstellen. Herausgegeben von Deutscher Caritasverband e.V.; Sozialdienst katholischer Frauen e.V.; Katholischer Krankenhausverband Deutschlands e.V. In: neue caritas, H. 14, S. 28–35.

Friedrich, Hannes; Henze, Karl-Heinz; Stemann-Acheampong, Susanne (1998): Eine unmögliche Entscheidung. Pränataldiagnostik: ihre psychosozialen Voraussetzungen und Folgen. Berlin: VWB Verl. für Wiss. und Bildung.

Geier, Hanna (2001): Beratung zu Pränataldiagnostik und eventueller Behinderung: Psychosoziale Sicht. In: Praxis der Kinderpsychologie und Kinderpsychiatrie, Jg. 50, S. 723–735.

Gemeinsamer Bundesausschuss (G-BA) (2010): Tragende Gründe zum Beschlussentwurf des Gemeinsamen Bundesausschusses über eine Änderung der Mutterschafts-Richtlinien: Strukturelle Anpassung des Ultraschallscreenings in der Schwangerenvorsorge. Vom 16. September 2010. Online verfügbar unter http://www.g-ba.de/downloads/40-268-1383/2010-09-16_MU-RL_Ultraschall_TrG.pdf, zuletzt geprüft am 04.10.2011.

Gemeinsamer Bundesausschuss (G-BA) (2012): Richtlinien des Bundesausschusses der Ärzte und Krankenkassen über die ärztliche Betreuung während der Schwangerschaft und nach der Entbindung („Mutterschafts-Richtlinien") in der Fassung vom 10. Dezember 1985 (veröffentlicht im Bundesanzeiger Nr. 60 a vom 27. März 1986), zuletzt geändert am 20. Dezember 2012, veröffentlicht im Bundesanzeiger AT 07.03.2013 B7; in Kraft getreten am 08.03.2013.

Gemeinsamer Bundesausschuss (G-BA) (2013): Richtlinien des Bundesausschusses der Ärzte und Krankenkassen über die ärztliche Betreuung während der Schwangerschaft und nach der Entbindung („Mutterschafts-Richtlinien") in der Fassung vom 10. Dezember 1985 (veröffentlicht im Bundesanzeiger Nr. 60 a vom 27. März 1986), zuletzt geändert am 21. März 2013, veröffentlicht im Bundesanzeiger AT 29.05.2013 B5, in Kraft getreten am 1. Juli 2013.

Gendiagnostik-Kommission (GEKO) (2011a): Richtlinie der Gendiagnostikkommission (GEKO) über die Anforderungen an die Qualifikation zur und Inhalte der genetischen Beratung gemäß § 23 Abs. 2 Nr. 2a und § 23 Abs. 2 Nr. 3 GenDG (Entwurf), vom 28.01.2011.

Gendiagnostik-Kommission (GEKO) (2011b): Richtlinie der Gendiagnostik-Kommission (GEKO) über die Anforderungen an die Qualifikation zur und Inhalte der genetischen Beratung gemäß § 23 Abs. 2 Nr. 2a und § 23 Abs. 2 Nr. 3 GenDG, vom 01.07.2011.

Greely, Henry T. (2011): Get ready for the flood of fetal gene screening. In: Nature, Jg. 469, S. 289–291.

Großmaß, Ruth (2007): Beratungsräume und Beratungssettings. In: Nestmann, Frank; Engel, Frank; Sickendiek, Ursel (Hg.): Das Handbuch der Beratung. Disziplinen und Zugänge. 2. Aufl. Tübingen: dgvt-Verl. (1), S. 487–496.

Hagemann, Heinz-Alfred (2010): Das Gendiagnostikgesetz (GenDG) und zeitgemäße pränatale Medizin - Implementierung zwischen Anspruch und Wirklichkeit. In: ArztRecht, H. 6, S. 149–160.

Haselbacher, Gerhard (2000): Psychosomatische Grundversorgung in der Frauenheilkunde. In: Der Gynäkologe, Jg. 33, H. 1, S. 65–74.

Helgesson, Gert; Eriksson, Stefan; Swartling, Ulrica (2007): Limited Relevance of the Right Not to Know - Reflections on a Screening Study. In: Accountability in Research, Jg. 14, H. 3, S. 197–209.

Henn, Wolfram (2010): Das neue Gendiagnostikgesetz und seine Konsequenzen für den frauenärztlichen Alltag. In: Frauenarzt, Jg. 51, H. 1, S. 14–17.

Henn, Wolfram; Schindelhauer-Deutscher, Hans-Joachim (2007): Kommunikation genetischer Risiken aus der Sicht der humangenetischen Beratung: Erfordernisse und Probleme. In: Bundesgesundheitsblatt - Gesundheitsforschung - Gesundheitsschutz, Jg. 50, H. 2, S. 174–180.

Herdegen, Matthias (2009): Artikel 2. In: Maunz-Dürig, Grundgesetz. Kommentar. München: Beck.

Hofmann, Hans (2004): Artikel 2. In: Schmidt-Bleibtreu - Klein; Kommentar zum Grundgesetz. 10. Aufl. Neuwied: Luchterhand.

Hufendiek, Sabine (2011a): Frauen/Paare im Spannungsfeld pränataldiagnostischer Untersuchungen zwischen der Freiheit und der Not zur Entscheidung. In: Weilert, Anja Katarina (Hg.): Spätabbruch oder Spätabtreibung - Entfernung einer Leibesfrucht oder Tötung eines Babys? Zur Frage der Bedeutung der Geburt für das Recht des Kindes auf Leben und das Recht der Eltern auf Wohlergehen. Tübingen: Mohr Siebeck (Religion und Aufklärung, 20), S. 163–175.

Hufendiek, Sabine (2011b): Psychosoziale Beratung im Kontext pränataler Diagnostik. In: Schnoor, Heike (Hg.): Psychodynamische Beratung. Mit einer Tabelle. Göttingen: Vandenhoeck & Ruprecht, S. 65–75.

Hürlimann, Denise C. (2006): Der Beratungsprozess in der pränatalen Diagnostik. Seine Veränderung aufgrund einer Intervention und ihre Evaluation. Dissertation zur Erlangung der Doktorwürde der Philosophischen Fakultät der Universität Zürich.

Jung, Helena (2007): Genetische Beratung. In: Nestmann, Frank; Engel, Frank; Sickendiek, Ursel (Hg.): Das Handbuch der Beratung. Disziplinen und Zugänge. 2. Aufl. Tübingen: dgvt-Verl. (1), Bd. 2, S. 1127–1138.

Kainer, Franz (2002): Pränataldiagnostik: Verantwortliche ärztliche Tätigkeit im Grenzbereich. In: Deutsches Ärzteblatt, Jg. 99, H. 39, S. A2545 - A2552.

Kassenärztliche Bundesvereinigung (KBV) (2003): Schreiben vom 10.12.2003. In: Gemeinsamer Bundesausschuss (G-BA) (Hg.): Vorläufiger Bericht zum Beratungsverfahren gemäß § 135 Abs. 1 SGB V i.V.m. § 196 der Reichsversicherungsordnung (RVO) bzw. § 23 des Gesetzes über die Krankenversicherung der Landwirte (KVLG 1972). Ultraschallscreening in der Schwangerschaft. Stand: 16. September 2010; Beschluss noch nicht in Kraft, S. 14–17.

Kassenärztliche Bundesvereinigung (KBV) (2005): Fortbildungsverpflichtung für Vertragsärzte und Vertragspsychotherapeuten nach § 95d SGB V. In: Deutsches Ärzteblatt, Jg. 102, H. 5, S. A 306-307.

Kassenärztliche Bundesvereinigung (KBV) (2007): Vereinbarung über die Anwendung von Psychotherapie in der vertragsärztlichen Versorgung. Psychotherapie-Vereinbarung, vom 7. Dezember 1998, zuletzt geändert am 30. Oktober 2007.

Kassenärztliche Bundesvereinigung (KBV) (2009): Ergänzung der "Regelung der KBV zur Fortbildungsverpflichtung der Vertragsärzte und Vertragspsychotherapeuten nach § 95d SGB V". In: Deutsches Ärzteblatt, Jg. 106, H. 17, S. A 844.

Kassenärztliche Bundesvereinigung (KBV) (2013): Einheitlicher Bewertungsmaßstab für ärztliche Leistungen. Online verfügbar unter http://www.kbv.de/ebm2013/EBMGesamt.htm, zuletzt geprüft am 24.04.2013.

Kassenärztliche Bundesvereinigung (KBV); GKV Spitzenverband (2010): Umsetzung des Gendiagnostikgesetzes - Schreiben vom 26.3.2010. Online verfügbar unter http://bvf-niedersachsen.de/pdf/news/9/2010-03-26_KBV_Gendiagnostikgesetz_%282%29.pdf, zuletzt geprüft am 24.04.2013.

Kentenich, Heribert; Tandler-Schneider, Andreas (2008): Kommentar zu "Thorn P, Wischmann T. Eine kritische Würdigung der Novellierung der (Muster-)Richtlinie der Bundesärztekammer 2006 aus der Perspektive der psychosozialen Beratung. J Reproduktionsmed Endokrinol 2008; 5: 34-44". In: Journal für Reproduktionsmedizin und Endokrinologie – Journal of Reproductive Medicine and Endocrinology –, Jg. 5, H. 3, S. 153–154.

Kovács, László; Frewer, Andreas (2009): Die Macht medizinischer Metaphern: Studien zur Bildersprache genetischer Beratung und ihre ethischen Implikationen. In: Hirschberg, Irene (Hg.): Ethische Fragen genetischer Beratung. Klinische Erfahrungen, Forschungsstudien und soziale Perspektiven. Frankfurt am Main: Lang (Klinische Ethik, 3), S. 205–221.

Kowalcek, Ingrid (2003): Psychosomatische Aspekte der Pränatalmedizin. In: Gynäkologe, H. 12, S. 1058–1065.

Kowalcek, Ingrid; Huber, G.; Gembruch, Ulrich (2003): Beratung der Schwangeren und ihres Partners vor der Pränataldiagnostik. In: gynäkologische praxis, Jg. 27, S. 321–329.

Krapp, M.; Kreiselmaier, P.; Ludwig, A. K. (2011): Neue Sichtweise durch die Verbreitung des Ersttrimester-Screenings? In: Frauenarzt, Jg. 52, H. 7, S. 666–670.

Krones, Tanja; Richter, Gerd (2007): Die Arzt-Patient-Beziehung. In: Schulz, Stefan; Steigleder, Klaus; Fangerau, Heiner; Paul, Norbert W. (Hg.): Geschichte, Theorie und Ethik der Medizin. Eine Einführung. Orig.-Ausg., 2. Dr. Frankfurt am Main: Suhrkamp, S. 94–116.

Kuhn, Rita; Schmidt, Ulrike; Bahrs, Ottomar; Riehl-Emde, Astrid (2007): Beratung zu Pränataldiagnostik: Ein Modellprojekt zur Verbesserung der Kooperation zwischen Ärztinnen bzw. Ärzten und psychosozialen Beraterinnen. In: Praxis der Kinderpsychologie und Kinderpsychiatrie, Jg. 56, S. 772–795.

Kuhn, Rita; Bruder, Annette; Cierpka, Manfred; Riehl-Emde, Astrid (2008a): Beratung zu Pränataldiagnostik - Einstellungen und Haltungen von ärztlichen und psychosozialen Fachkräften. In: Geburtshilfe und Frauenheilkunde, Jg. 68, S. 172–177.

Kuhn, Rita; Schmidt, Ulrike; Dewald, Axel; Bruder, Annette; Jung, Björn; Bahrs, Ottomar; Riehl-Emde, Astrid (2008b): Interprofessionelle Qualitätszirkel in der Pränataldiagnostik. Modellprojekt. Köln: BZgA (Forschung und Praxis der Sexualaufklärung und Familienplanung, 30).

Lammert, Christiane; Cramer, Elisabeth; Pingen-Rainer, Gisela; Schulz, Jutta; Neumann, Anita; Beckers, Ulla et al. (2002): Psychosoziale Beratung in der

Pränataldiagnostik. Ein Praxishandbuch. Göttingen: Hogrefe Verl. für Psychologie.

Laufs, Adolf; Katzenmeier, Christian; Lipp, Volker (2009): Arztrecht. 6., völlig neu bearb. Aufl. München: Beck (NJW-Praxis, 29).

LifeCodexx: Erfolgreiche Pilotstudie für nicht-invasiven pränatalen Diagnostiktest zur Bestimmung von Trisomie 21. Geplante Markteinführung Ende 2011. Online verfügbar unter http://www.lifecodexx.com/news.html, zuletzt geprüft am 24.04.2013.

Mayer-Lewis, Birgit (2010): Best-Practice-Leitfaden "Psychosoziale Beratung bei pränataler Diagnostik" (ifb-Materialien, 3-2010).

Merz, E.; Eichhorn, K. -H; Hansmann, M.; Meinel, K. (2002): Qualitätsanforderungen an die weiterführende differenzialdiagnostische Ultraschalluntersuchung in der pränatalen Diagnostik ( = DEGUM-Stufe II) im Zeitraum 18 bis 22 Schwangerschaftswochen. In: Ultraschall in der Medizin, Jg. 23, S. 11–12.

Miller, Bruce L. (2004): Autonomy. In: Post, Stephen G. (Hg.): Encyclopedia of bioethics. 3. ed. New York NY u.a.: Macmillan Reference, S. 246–250.

Ministerium für Arbeit, Gesundheit und Soziales des Landes Nordrhein-Westfalen (1994): Psychosoziale Beratung - Regeln des fachlichen Könnens. Ein Resümeepapier zu den Gutachten über die Regeln des fachlichen Könnens in der psychosoziale Beratungsarbeit: Entstehung, Diskussionstand, Weiterentwicklung.

Müller, Gerda (2003): Unterhalt für ein Kind als Schaden. In: Neue Juristische Wochenschrift (NJW), H. 10, S. 697–706.

Nestmann, Frank (2007): Beratungsmethoden und Beratungsbeziehung. In: Nestmann, Frank; Engel, Frank; Sickendiek, Ursel (Hg.): Das Handbuch der Beratung. Ansätze, Methoden und Felder. 2. Aufl. Tübingen: dgvt-Verl. (2), Bd. 2, S. 783–796.

Nestmann, Frank (2008): Die Zukunft der Beratung in der sozialen Arbeit. In: Beratung Aktuell, H. 2, S. 1–25.

Nippert (2000): Die Anwendungsproblematik der vorgeburtlichen Diagnostik. In: Bundeszentrale für gesundheitliche Aufklärung (BZgA) (Hg.): FORUM 1/2-2000. Sexualaufklärung und Familienplanung, S. 12–21.

Noack, Thorsten; Fangerau, Heiner (2007): Zur Geschichte des Verhältnisses von Arzt und Patient in Deutschland. In: Schulz, Stefan; Steigleder, Klaus; Fangerau, Heiner; Paul, Norbert W. (Hg.): Geschichte, Theorie und Ethik der Medizin. Eine Einführung. Orig.-Ausg., 2. Dr. Frankfurt am Main: Suhrkamp, S. 77–93.

Paul, Norbert W.; Middel, C. -D; Labisch, A. (2003): Gibt es ethisch begründbare Grenzen für die juristisch relevante Aufklärung? In: Bender, Hans Georg; Dall, Peter (Hg.): Geburtshilfe und Perinatologie, operative Gynäkologie und Onkologie, gynäkologische Endokrinologie und Fortpflanzungsmedizin. 54. Kongress der Deutschen Gesellschaft für Gynäkologie und Geburtshilfe ; Düsseldorf, 10. - 14. September 2002. Berlin: Springer, S. 450–454.

Pohlmann, Markus (2010): Beratung als Interaktionsform - Perspektiven, Trends und Herausforderungen. In: Pohlmann, Markus; Zillmann, Thorsten (Hg.): Beratung und Weiterbildung. Fallstudien, Aufgaben und Lösungen. München: Oldenbourg Wissenschaftsverlag (Studien- und Übungsbücher der Wirtschafts- und Sozialwissenschaften), S. 31–47.

pro familia Deutsche Gesellschaft für Familienplanung, Sexualpädagogik und Sexualberatung e. V. (pro familia) (2000): Standpunkt Pränatale Diagnostik. 2. Aufl. Online verfügbar unter http://www.profamilia.de/fileadmin/publikationen/Fachpublikationen/Standpunkt_Praenataldiagnostik.pdf, zuletzt geprüft am 024.04.2013.

pro familia Deutsche Gesellschaft für Familienplanung, Sexualpädagogik und Sexualberatung e. V. (pro familia) (2006a): Standpunkt Schwangerschaftsabbruch. 4. Aufl. Online verfügbar unter http://www.profamilia.de/fileadmin/publikationen/Fachpublikationen/Standpunkt_Schwangerschaftsabbruch.pdf, zuletzt geprüft am 24.04.2013.

pro familia Deutsche Gesellschaft für Familienplanung, Sexualpädagogik und Sexualberatung e. V. (pro familia) (2006b): Standpunkt Schwangerschaftsberatung. Standards und aktuelle Herausforderungen. Online verfügbar unter http://www.profamilia.de/fileadmin/publikationen/Fachpublikationen/Standpunkt_Schwangerschaftsberatung.pdf, zuletzt geprüft am 24.04.2013.

Rauchfuß, Martina (2001): Beratung zu Pränataldiagnostik und eventueller Behinderung: Medizinische Sicht. In: Praxis der Kinderpsychologie und Kinderpsychiatrie, Jg. 50, S. 704–722.

Rohde, Anke; Woopen, Christiane (2007): Psychosoziale Beratung im Kontext von Pränataldiagnostik. Evaluation der Modellprojekte in Bonn, Düsseldorf und Essen. Unter Mitarbeit von Andrea Wendt. Köln: Dt. Ärzte-Verl.

Rummer, Anne (2011): Neufassung der Mutterschaftsrichtlinien. Drängende Frage. In: Deutsche Hebammenzeitschrift 2011, S: 68-71.

Rummer, Anne (2012): Neuer Bluttest auf Trisomie 21 . ohne Risiken? In: Deutsche Hebammenzeitschrift 2012, S. 59-62.

Rummer, Anne; Horstkötter, Nina; Woopen, Christiane (2011): Zusammenarbeit über Fachgrenzen hinweg. In: Deutsches Ärzteblatt, Jg. 108, H. 38, S. A 1960 - A 1963.

Samerski, Silja (2009): Die Entscheidungsfalle. Über die "selbstbestimmte Entscheidung" durch genetische Beratung. In: Hirschberg, Irene (Hg.): Ethische Fragen genetischer Beratung. Klinische Erfahrungen, Forschungsstudien und soziale Perspektiven. Frankfurt am Main: Lang (Klinische Ethik, 3), S. 171–187.

Scheibler, F.; Kleijnen, J.; Soares-Wieser, K.; Kulier, R.; Lange, S.; Kulig, M. (2010): Testgüte des Ultraschallscreenings in der Schwangerschaft. Welchen Einfluss haben die Erfahrung der Untersucher und die Qualität der Geräte? (IQWiG-Bericht S05-03). In: Frauenarzt, Jg. 51, H. 3, S. 202–209.

Schick, Frederic (1997): Making choices. A recasting of decision theory. Cambridge: Cambridge Univ. Press.

Schrödter, Wolfgang (2007): Ethische Richtlinien für Beratung. In: Nestmann, Frank; Engel, Frank; Sickendiek, Ursel (Hg.): Das Handbuch der Beratung. Disziplinen und Zugänge. 2. Aufl. Tübingen: dgvt-Verl. (1), S. 453–467.

Schürmann, Ingeborg (2007): Beratung in der Krisenintervention. In: Nestmann, Frank; Engel, Frank; Sickendiek, Ursel (Hg.): Das Handbuch der Beratung. Ansätze, Methoden und Felder. 2. Aufl. Tübingen: dgvt-Verl. (2), Bd. 2, S. 523–534.

Schwerdtfeger, Robin (2007): Ärztliche Beratung im Kontext pränataler Diagnostik. In: Praxis der Kinderpsychologie und Kinderpsychiatrie, Jg. 56, S. 733–740.

Sickendiek, Ursel; Engel, Frank; Nestmann, Frank (2008): Beratung. Eine Einführung in sozialpädagogische und psychosoziale Beratungsansätze. 3. Aufl. Weinheim: Juventa-Verl. (Grundlagentexte soziale Berufe).

Sozialdienst katholischer Frauen (2002): Psychosoziale Beratung und Hilfe vor, während und nach Pränataldiagnostik. Konzept katholischer Schwangerschaftsberatungsstellen. Herausgegeben von Sozialdienst katholischer Frauen.

Statistische Bundesamt, Zweigstelle Bonn (2011b): Gesundheitsberichterstattung des Bundes. Bei den Ärztekammern registrierte Ärztinnen und Ärzte mit Zusatz-Weiterbildungen (Zusatzbezeichnung). Gliederungsmerkmale: Jahre, Region, Geschlecht, Zusatz-Weiterbildung, Tätigkeitsbereich (mit ärztlicher Tätigkeit). Online verfügbar unter: http://www.gbe-bund.de/ zuletzt geprüft am 24.04.2013.

Statistische Bundesamt, Zweigstelle Bonn (2011a): Gesundheitsberichterstattung des Bundes,. Bei den Ärztekammern registrierte Ärztinnen und Ärzte mit Gebiets- und Facharztbezeichnung (absolut, je 100.000 Einwohner und Einwohner je Arzt). Gliederungsmerkmale: Jahre, Region, Alter, Geschlecht, Gebiets-/Facharztbezeichnung, Tätigkeitsbereich (mit ärztlicher Tätigkeit). Online verfügbar unter: http://www.gbe-bund.de/, zuletzt geprüft am 24.04.2013.

Stumm, M.; Trunk, N.; Beck, M.; Entezami, M.; Becker, R.; Löcherbach, J. et al. (2011): Non-invasive prenatal detection of chromosome aneuploidies using next-generation sequencing: First steps towards clinical application. In: Medizinische Genetik, H. 1, S. 86.

Taupitz, Jochen (2001): Kernaspekte zu Leitfrage 7: Die Verantwortung des parlamentarischen Gesetzgebers für Sicherheit, Qualität, Dokumentation und Patientenaufklärung bei medizinisch unterstützter Fortpflanzung sowie für die Einführung neuartiger Verfahren. In: Bundesministerium für Gesundheit (Hg.): Fortpflanzungsmedizin in Deutschland. Wissenschaftliches Symposium des Bundesministeriums für Gesundheit in Zusammenarbeit mit dem Robert-Koch-Institut vom 24. bis 26. Mai 2000 in Berlin. Baden-Baden: Nomos-Verl.-Ges., S. 280–292.

Thibodeau, Paul H.; Boroditsky, Lera (2011): Metaphors We Think With: The Role of Metaphor in Reasoning. In: PLoS ONE, Jg. 6, H. 2. doi:10.1371/journal.pone.0016782.

Thorn, Petra; Wischmann, Tewes (2008): Eine kritische Würdigung der Novellierung der (Muster-) Richtlinie der Bundesärztekammer 2006 aus der Perspektive der psychosozialen Beratung. In: Journal für Reproduktionsmedizin und Endokrinologie – Journal of Reproductive Medicine and Endocrinology –, Jg. 5, H. 1, S. 39–44.

Ukowitz, Martina (2005): Dimensionen von Beratung in der Pränataldiagnostik. In: Berger, Wilhelm (Hg.): Pränataldiagnostik: Historische Aspekte - aktuelle Forschung - Beratungsdimensionen - ethische Fragen. Klagenfurter Beiträge zur Technikdiskussion Band 108, S. 71–86.

Wapler, Friederike (2012): Das Bundeskinderschutzgesetz: ärztliche Befugnisse und Pflichten bei Anhaltspunkten für eine Kindeswohlgefährdung. Gynäkologe 11/2012. S.: 888–892.

Wassermann, Kirsten; Rohde, Anke (2009): Pränataldiagnostik und psychosoziale Beratung. Stuttgart: Schattauer (Aus der Praxis für die Praxis).Wolff, Gerhard (1998a): Genetische Beratung. In: Korff, Wilhelm (Hg.): Lexikon der Bioethik, Band 2, G-Pa. 1. Aufl. (Lexikon der Bioethik / hrsg. im Auftr. der Görres-Gesellschaft, Bd. 2.), S. 29–32.

Windhorst, Theodor (2013): Windhorst fordert mehr Vernetzung im Kinderschutz. In DÄBl. Nachrichten vom 5. März 2013, online verfügbar unter www.aerztebaltt de (zuletzt geprüft am 29.4.2013).

Wolff, Gerhard (1998b): Über den Anspruch von Nichtdirektivität in der genetischen Beratung. In: Kettner, Matthias (Hg.): Beratung als Zwang. Schwangerschaftsabbruch, genetische Aufklärung und die Grenzen kommunikativer Vernunft. Frankfurt/Main: Campus, S. 173–186.

Wolff, Gerhard (2001): Aufgaben der Beratung bei medizinisch unterstützter Fortpflanzung aus Sicht der Humangenetik. In: Bundesministerium für Gesundheit (Hg.): Fortpflanzungsmedizin in Deutschland. Wissenschaftliches Symposium des Bundesministeriums für Gesundheit in Zusammenarbeit mit dem Robert-Koch-Institut vom 24. bis 26. Mai 2000 in Berlin. Baden-Baden: Nomos-Verl.-Ges., S. 99–103.

Woopen, Christiane; Rummer, Anne (2009): Beratung im Kontext von Pränataldiagnostik und Schwangerschaftsabbruch – Pflichten der Ärzte und Ansprüche der schwangeren Frau. In: Medizinrecht, S. 130–138.

Woopen, Christiane; Rummer, Anne: Pränatale Diagnostik und Schwangerschaftsabbruch: Kooperation zwischen Ärzten, Beratungsstellen und Verbänden, in: Deutsches Ärzteblatt 2010; 107(3): A-68 - A-70.

Wüstner, Kerstin (2000): Genetische Beratung. Risiken und Chancen. Bonn: Psychiatrie-Verl.

Zwicker-Pelzer, Renate (2009a): Beratung auf dem Weg zur Professionalisierung. Ehe-, Familien- und Lebensberatung an der Katholischen Hochschule NRW. In: Beratung Aktuell, Jg. 10, S. 3–9.

Zwicker-Pelzer, Renate (2009b): Beratung auf dem Weg der Akademisierung. In: Beratung Aktuell, Jg. 10, S. 10–17.

Zygowski, Hans (1989): Grundlagen psychosozialer Beratung. Ein modelltheoretischer Entwurf zur Neubestimmung psychischer Störungen. Opladen: Westdt. Verl.

www.ingramcontent.com/pod-product-compliance
Ingram Content Group UK Ltd.
Pitfield, Milton Keynes, MK11 3LW, UK
UKHW021127160426
5217IPUK00046B/62